はじめに

　2020 年度より小学校において □□□□□□□□ 化されます。それに伴い，小学校の先生をはじめとして様々な方が英語を教えることになるのではないかと思われます。小学校における英語の授業では，子どもたちの知的・心理的発達を考えながら，他教科との連携，すなわち小学校教育全体の教育課程における英語特有の位置づけが検討されなければなりません。それは同時に，高い資質を備えた英語の指導者を育てることが急務であることを意味します。ゆえに，本書では小学校における英語の授業を様々な角度から検討し，実際に教壇に立ったときに，すぐに役立つ指導法や教授法，および実際の授業で使える教室英語など，実践的な内容を学んでいきます。

　各章の学習達成目標を列挙すると，以下の通りです。

第 1 章　小学校英語活動においてオーラル・メソッド，CLT および TPR をどのように活用するべきかを理解する。

第 2 章　小学校英語活動において CBI，他教科の内容を取り入れたテーマ学習，および学習ストラテジー指導をどのように活用するべきかを理解する。

第 3 章　4 技能の指導，歌，「ごっこ遊び」，Show and Tell，インタビュー活動，および物語や映画を使用した指導法をどのように小学校英語活動で行うべきかを理解する。

第 4 章　小学校英語活動におけるゲームの意義とゲームやクイズに関する英語表現を学び，英語でゲームやクイズを行えるようになる。

第 5 章　小学校英語活動における ICT の役割を理解し，活用できるようになる。

第 6 章　世界の早期言語教育のうち，双方向バイリンガル教育および韓国の小学校英語教育を概観し，これらから日本の小学校英語活動は何を学べるかを考察する。

第 7 章　小学校英語活動においてよく使用する教室英語を学び，使えるようになる。

第 8 章　授業案を作成できるようになる。

　なお，本書は東京未来大学の通信教育課程の「英語指導法」のテキストとして執筆したものを改訂したものです。

目次

第 1 章　小学校英語活動における様々な教授法 I ：オーラル・メソッド・CLT・TPR

　外国語の教え方について今まで数多くの教授法が考案され生み出されてきました。小学校で英語を教える上で，必要な教授法のうち，本章では，オーラル・メソッド, The Communicative Language Teaching(CLT)，および Total Physical Response（TPR）を学習していきます。オーラル・メソッドとは，わが国の英語教育に多大な影響を与えたハロルド・パーマーが提案した教授法です。母語を介さず外国語を学習する直接教授法をもとにした教授法です。CLT は 1970 年代にヨーロッパで移民が急増したことに対処し，移民にコミュニケーション能力をつける必要性から誕生しました。CLT にはいろいろな定義がありますが，教師と生徒，生徒同士の相互作用を重視する授業，ロールプレイやペアワークによる言語活動を取り入れた授業などを総称して CLT と呼んでいます。TPR は，アメリカの言語心理学者 James J. Asher によって提唱された教授法で，体全体を使って学習させることから全身反応教授法と呼ばれています。コミュニケーションを重視する小学校英語活動では，これらの教授法がよく取り入れられています。

　本章の学習達成目標は以下の 3 点になります。

1.1. オーラル・メソッドを小学校英語活動においてどのように活用するべきかを
　　理解する。

1.2. CLT を小学校英語活動においてどのように活用するべきかを理解する。

1.3. TPR を小学校英語活動においてどのように活用するべきかを理解する。

1.1. Oral Method（オーラル・メソッド）

　パーマーは，4 技能の中でまず聞くことと話すことに専念すべきだと考えました。この聞くことと話すことは読んだり，書いたりすることより大事だというのではなく，先に習得すべき基本の技能であるという意味で第一次伝達技能と呼んでいます。第一次伝達技能が使えるようになってから，第二次伝達技能である読み書きに進むというのがパーマーの基本的な考え方です（國方，2005）。

　また，パーマーは母語に訳さず，ある概念とその概念を表す言語音の結びつきを強化するのが一番だと考えました。たとえば，日本語の母語話者の頭の中では犬という動物の概念はイヌという日本語音声のイメージと強く結びついているので，犬という概念を思い浮かべればイヌという言語音が反射的に頭に浮かぶようになっています。パーマーは外国語習得の場合も基本的には同様のことが言えるのではないかと考えました。犬という概念に対しては英語の場合はイヌでなくdog という聴覚像が自然に思い浮かび，これを直ちに音声化できるように練習を積むのがよいと主張しています（國方，2005）。

　オーラル・メソッドの長所は，まとまった英語が冷静に聞けるようになるだけではなく，素早い反応ができるようになり，自然な表現や発音が身につき，オーラル・コミュニケーションに自信が持てるようになることです。また，口頭練習が中心となるので短時間のうちに多くの内容を教えることができます（國方，2005）。

　短所は，終始口頭で教師中心の授業を行うため，教師の負担がとても大きいということがあげられます。また，口頭中心であるため週当たりの授業数が少なかったり，復習や家庭学習への配慮が不足したりすると英語の定着率が低くなる場合もあります（國方，2005）。また，正確に模倣再生することを要求されるため，主体的，創造的な活動が制限される場合もあります。

　日本の小学校英語活動にオーラル・メソッドを取り入れる場合，単純な活動にならないように，主体的・創造的な活動を意識的に取り入れるなど，子どもたちが飽きないような工夫が必要です。日本語に訳さないで英語を伝えていくためには，フラッシュカードだけでなく，電子黒板やプロジェクターで実物を見せ，また，必要に応じて動作で英語の意味を伝えていかなければなりません。また，単なる繰り返しの口頭練習では子どもたちは飽きてしまうので，ターゲットセンテ

ンスをたくさん使うゲームなど取り入れていく必要があります。

1.2. The Communicative Language Teaching

　The Communicative Language Teaching(CLT) は 1970 年代にヨーロッパで移民が急増したことに対処し，移民にコミュニケーション能力をつける必要性から誕生しました。これらは言語をどのように使用するかということに焦点が当てられ，ヨーロッパ，特に，イギリスの応用言語学者が中心に広めていきました（倉八，1997）。時が経つにつれて CLT の定義と説明は多様になっていきましたが，現在では，教師と生徒，生徒同士の相互作用を重視する授業，ロールプレイやペアワークによる活動を取り入れた授業などを総称して CLT と呼んでいます（Brown,1994）。

　國方(2005, pp.87-89) は CLT の特徴として，以下の 8 点をあげています。

(1)「コミュニケーション能力の育成に直結する」

　　学習者が外国語を使って実際に行ってみたいことを授業の中で行うことが重要です。たとえば，話す活動では，ファーストフード店で注文するなどの実際にコミュニケーションに直接関わる活動を中心に組み立てることが大切です。

(2)「学習の初期の段階からコミュニケーション活動を行う」

　　いくら用法を学んだとしても，実際にコミュニケーションできるようになるとは限りません。学習者が主体的に活動に取り組み，言語を使用することによって，コミュニケーション能力を育成することができるため，学習者が体験を通して学習できるような工夫が必要です。

(3)「文法の正確さより伝達の成果を重視する」

　　コミュニケーションを行おうとする意欲を育てるという観点から，言語使用の正確さより言語使用の流暢さを優先すべきであり，活動の目的に応じて，誤りに対して柔軟に対応することが大切です。

(4)「社会的に適切な言語使用を目指す」

　　話し手と聞き手に関する状況などコミュニケーションが行われる場面等を適切に設定し，言語使用の場面と言葉の働きに留意しながら，カリキュラムや活動を考える必要があります。

(5)「結果よりも過程を重視する」

活動自体がコミュニカティブであることが大切な要素となるため，活動をコミュニカティブにするため，インフォメーション・ギャップ（互いに対話者の間に知らない事柄を作り，伝えたり，質問したりする活動）を行うなどの工夫が必要です。

(6)「学習者中心で教師も伝達活動に参加する」

教師主導型の教授法では教師は知識の伝達者でありましたが，CLT の授業における教師の役割は 2 つあります。第一は，クラス全体のコミュニケーションを促していく役割です。第二は，活動の参加者の一人として振る舞うことです。教師は学習者とコミュニケーションを行うことを通して，コミュニケーションの仕方を学ばせる必要があります。

(7)「学習者の自己表現活動を工夫する」

コミュニケーション能力育成には学習者の主体的な活動が必要です。自己表現活動を通して，言語習得を促す工夫が必要です。

(8)「人間関係を大切にする」

話す活動，聞く活動では，学習者同士の活動が不可欠です。

　ところで，CLT をそのまま日本の小学校英語活動に取り入れることができるでしょうか。CLT の研究はヨーロッパで始まり，その後もアメリカやオーストラリアなどの文化や歴史が似ている地域で行われました。すなわち，CLT は主にアメリカやカナダ，イギリスなどで研究され，それが各国に普及していきましたが，各国の社会的状況や言語的特性などを考慮しないまま CLT を導入することは難しいと思われます。CLT はヨーロッパの移民をターゲットにして始まったもので，アフリカや同じヨーロッパ内からの移民が多く，彼等はアルファベットを用い，言語的にも似通っているため，あまり文法的な説明をしなくても第二言語を習得できます。しかし，日本語のように全く文法体系や文字も異なる学習者が英語を学習する場合はかなり異なります。また，文化的にも同じ西洋文化を共有するために，教育において独立・自由などを強調する傾向がありますが，日本の公教育では協調や画一性を強調する文化的背景があります。ゆえに，日本の環境において CLT というものを考えるときは,日本の子どもたちに適した CLT というものを考えていかなければなりません。どんなにすばらしい教授法でも，それを子ども

たちに押し付けるのではなく，子どもたちの様子を見ながら，必要なら一部を変えていくことが必要でしょう。

1.3. TPR

　TPR（Total Physical Response Approach：全身反応教授法）は，1960 年代に，アメリカの心理学者 James J. Asher が提唱しました。幼児は，話す力を習得する前に，膨大な時間を聞くことに費やします。そして，動作と結びつけながら言葉を身につけていきます。こうした幼児の言語習得プロセスに着目し，命令を聞かせて，全身でそれに反応してもらうことで，外国語を習得させる指導法が TPR です(國方, 2005)。幼児が母国語を習得する過程を応用したもので，命令を聞いたらすぐにそれを動作で反応させる方法です（國方, 2005）。つまり，言葉と動作を結びつけることによって，日本語を介すことなく言葉を直接体感して理解するというものです。Asher は幼児の母語習得の観察より，言語習得は生得的にプログラミングされているものなので，母語であれ第二言語であれ，聴く作業は話す作業に先行するという自然な流れと，言葉と体の動きを一致させるという方法で学ぶことが大切であると主張しました(國方, 2005)。また，TPR では，幼児が言語を習得する際，口から言葉が自発的に出てくる前のプロセスとして，「沈黙の期間」があると考えます（國方, 2005）。

　以下は具体的な指導方法です（國方, 2005）。
(1) 　始めは教師による命令を聴き,動作のモデルを見て行う。
(2) 　クラス全体で言葉を聴いて動作を行う。
(3) 　始めは簡単な動作で,それからだんだんと複雑な動作に移っていく。
(4) 　各時間の初めに前の時間の復習を行う。
(5) 　10 時間くらい学習した後で，語彙，構文をまとめたプリントを配布する。このとき指導者は命令文を読み上げながら，動作を示す。なお，生徒に声を出させたり，繰り返させたりする必要はない。
(6) 　15 時間くらい学習した後で「役割交替」をして,生徒が他の生徒に命令を発する。

幼児の母語習得の過程を外国語の学習に応用した TPR は，目標言語を通して直接的に外国語を学習するのに適しています。学習者は個人または集団で指導者の命令を聞いて動作で反応するので，話すことを強制されず，緊張感を感じることがありません。つまり，TPR では学習者は音声が十分内在化されるまでは発話を強制されないため，ストレスも少なく楽しく学習することができます。しかし，欠点として動作を伴う命令文を利用するため，動作に結びつけられない語句や文の指示に限界がある，「聞くこと」以外の技能への配慮があまりない，また，機能語や文法事項について教えにくい，などの留意点があげられています(國方, 2005)。

　教師が英語の命令文を言い，その動作をさせる TPR は，小学校英語活動では多く取り入れられています。英語を学び始めたばかりの小学生でも，TPR を楽しく行うことができます。以下は TPR でよく使う英語表現です。日本語を見て英語がすぐに言えるようになるまで，何度も練習しましょう。

触る

あごを触って。
Touch your chin.

まつ毛を触って。
Touch your eyelash.

眉毛を触って。
Touch your eyebrow.

額を触って。
Touch your forehead.

肘を触って。
Touch your elbow.

ひざを触って。
Touch your knee.

足首を触って。

Touch your ankle.

見る

右を見て。

Look right.

左を見て。

Look left.

上を見て。

Look up.

後ろを見て。

Look back.

下を見て。

Look down.

前を向いて。

Face the front.

後ろを向いて。

Face the back.

向かい合って。

Face each other.

足の動作

くるぶしをつかんで。

Hold your ankles.

円を足で描いて。

Draw a circle with your foot.

ひざを曲げて。

Bend your knees.

左足をあげて。

Lift your left leg.

片足で立って。

Stand on one leg.

つま先立ちになって。

Stand on your toes.

足を組んで。

Cross your legs.

手や腕の動作

手をあげて。

Hands up.

手を下げて。

Hands down.

左手をあげて。

Raise your left hand.

腕を広げて。

Spread your arms wide.

腕を組んで。

Fold your arms.

こぶしを作って。

Make a fist.

手をたたいて。

Clap your hands.

空中に三角を描いて。

Draw a triangle in the air.

手を振って。

Shake your hands.

その他の動作

私がするようにして。

Do as I do.

私が言うことをして。

Do what I say.

背を高く見せて。

Make yourself look tall.

りんごを食べる動作をしてみて。

Act as if you are eating an apple.

猫のまねして。

Pretend you're a cat.

悲しい顔をして。

Make a sad face.

　TPR を応用した Simon Says (サイモンセズ) は多くの小学校で行われています。動作を示す命令文の前に「Simon says」という言葉をつけたときのみ,子どもたちはその動作を行い,「Simon says」を言わずに命令文だけのときは,その動作を行わないゲームです。

【モデル授業】
以下はサイモンセズのゲームの一例です（カレイラ, 2009）。

Stand up, everyone.

　（みんな立って）

If I say, "Simon says jump", you should jump.

　（私が"Simon says jump"と言ったら，ジャンプしてね。）

But if I only say, "Jump", you shouldn't jump.

　（でももし"Jump"とだけ言ったら，ジャンプしたらだめですよ。）

Do you understand?

　（わかった？）

If you make a mistake, you must sit down.

　（もし間違えたら，座ってください。）

Let's begin.

　（では始めます。）

Simon says touch your eyes.

　（サイモンは目に触りなさいと言います。）

Simon says draw a circle in the air.

　（サイモンは空中に丸を描きなさいと言います。）

Touch your mouth.

　（口に触りなさい。）

You've made a mistake.

　（間違えたよ。）

I didn't say Simon says.

　（私は Simon says と言ってないですよ。）

You shouldn't have touched your mouth.

　（口を触ってはいけません。）

【やってみよう】

　上記を参考にして，サイモンセズの指示を英語で作ってみましょう。

_____

_____

_____

_____

_____

_____

_____

_____

_____

_____

_____

_____

_____

_____

_____

理解度テスト

1．以下の文が正しければ（ ）に○を入れ，間違っている場合は×を入れてください。

(1) （　　　） オーラル・メソッドとは，母語を介さず外国語を学習する直接教授法です。

(2) （　　　） TPR では，学習初期から学習者に学習言語を話すように促します。

(3) （　　　） オーラル・メソッドは，読む・書くことに重点が置かれた教授法です。

(4) （　　　） 教師と生徒，生徒同士の相互作用を重視する授業，ロールプレイやペアワークによる言語活動を取り入れた授業などを総称して CLT と呼んでいます。

(5) （　　　） CLT は 1970 年代にアジアで誕生した教授法です。

引用文献

Bronw, H.D. (1994). *Teaching by principles: An interactive approach to language pedagogy,* Englewood Cliffs, New Jersey: Prentice Hall Regents.

カレイラ松崎順子 (2009). 子どもに英語を教えるための Classroom English　南雲堂

影浦　功 (2007). 新しい時代の小学校英語指導の原則　明治図書出版

國方太司 (2005). 小学生に英語を指導するために知っておきたい教授法 樋口忠彦（編）これからの小学校英語教育—理論と実践—　研究社　pp.74-97.

倉八順子 (1997). コミュニケーション中心の教授法と学習意欲　風間書房

第 2 章　小学校英語活動における様々な教授法Ⅱ：CBI・他教科の内容を取り入れたテーマ学習・学習ストラテジー指導

　本章では，内容重視の指導（CBI），他教科の内容を取り入れたテーマ学習，および学習ストラテジーを取り入れた指導法を解説していきます。CBI とは教科などの内容と第二言語スキルを同時に指導することです。英語の言語形式の習得にのみに焦点が置かれていないため，英語自体に興味のある学習者だけではなく，英語にはさほど興味がない学習者に対しても，知的好奇心を刺激する情報を与えることができ，小学校高学年に適切な教授法と言われています。次に，他教科の内容を取り入れたテーマ学習を紹介します。小学校学習指導要領（平成 29 年告示）解説外国語活動・外国語編(文部科学省, 2017, p.45)において「言語活動で扱う題材は，児童の興味・関心に合ったものとし，国語科や音楽科，図画工作科など，他教科等で児童が学習したことを活用したり，学校行事で扱う内容と関連付けたりするなどの工夫をすること」と明記されています。ゆえに，本章では，各教科の内容を小学校英語活動にどのように取り入れていくことができるのかを概観し，各教科に関する英語表現を学習します。最後に，学習ストラテジーを小学校英語活動にどのように取り入れることができるかを解説していきます。

　本章の学習達成目標は以下の 3 点になります。

2.1. 小学校英語活動において CBI をどのように行うべきかを理解する。

2.2. 小学校英語活動において他教科の内容を取り入れたテーマ学習をどのように
　　　行っていくべきかを理解し，必要な英語表現を覚える。

2.3. 小学校英語活動に学習ストラテジー指導をどのように取り入れることができ
　　　るかを考察する。

2.1. 内容重視(CBI)の指導法

　内容重視の指導（Content-based Instruction：以下CBI）とは教科などの内容と第二言語スキルを同時に指導すること（Brington, Snow, & Wesche, 1989）で，すなわち，ある内容を英語で学習していくことです。英語の言語形式の習得にのみに焦点が置かれていないため，英語自体に興味のある子どもたちだけでなく，英語にはさほど興味がない子どもたちに対しても，知的好奇心を刺激する情報を与えることができます（カレイラ・大久保・秋山・田邉, 2007）。初級レベルの英語学習者である一方，認知・知的レベルが高まる小学校高学年に，CBI は適切な教授法の一つであるといえます。

　岐阜県多治見市の笠原小学校では，笠原中学校と共に平成 15-18 年度の文部科学省研究開発学校に指定され，「児童の発達段階に応じた『英語によるコンテント・ベイスト・アプローチの手法を取り入れた小中一貫した英語教育の時間のあり方』に関する研究開発」を研究課題として研究を行いました。さらに，平成 18-20 年度の指定により，「英語に慣れ親しみ，進んでコミュニケーションを図ろうとする子の育成　〜コンテントベイストの手法を用いて〜」の課題に取り組みました。笠原小学校の実践報告（笠原小学校・中学校, 2005, p. 4)によれば，同校は CBI を取り入れる長所として以下の 3 点をあげています。

(1) 伝え合う内容がはっきりとしており，コミュニケーションを図る目的をもちやすい。

(2) 言葉が繰り返し使用される場面を設定し，その中で『内容』を伝えるために必要のある言葉が繰り返し使用される。

(3) 学習内容に興味を持てば，その中で使用される言葉も児童にとっては生きた言葉として感じられ，英語の語彙や表現を理解していくことが容易である。

　カレイラ他(2007)は，小平市の小学校において，米を使用した CBI の授業実践を行いました。その結果，米という内容を英語という言語と同時に学ぶことにより，子どもたちの学習に対する好奇心を高めることができたと述べています。また，カレイラ他は家庭科や社会科での既習内容により，スキーマ形成が行われ，内容に関して認知的準備ができた段階で，絵，マッチングゲームなどの視覚教材によって，聞こえてくる言語と内容の関連付けが行われたため，英語のみで CBI

の授業を行ったとしても，ほとんど英語を学んでいない小学生に英語を理解させることができたのだろうと述べています。以下はその時に使用したティーチング・プラン（表1）です。

表1　ティーチング・プラン (カレイラ他，2007，p.19 より引用)

Day 1

Contents	Activities
Greetings	Self introduction
My name is ~. This is for you	Singing *"What do you like"*
♪ *What do you like*	Word check
I like ~. What about you?	Group work
Interviewing	Interview
♪ *Good-bye Song*	Singing *"Good-bye Song"*

Day 2

Contents	Activities
Greetings / Review	Singing
♪*What do you like*	Word check
My name is ~. I like ~.	Group work
This is for you.	Matching rice dishes with the flags
Introducing rice dishes in the world	of the
Introducing the names of the countries	countries
Matching game	Listening
Check the answers	Quiz
Kinds of rice	
Yes/ no quiz	
♪ *Good-bye song*	

Day 3

Contents	Activities
Greetings / Review	Listening
♪*What do you like*	Quiz
My name is ~. I like ~.	Singing
This is for you.	
Rice dishes in the world	
The names of the countries	
Rice in the world	
Quizzes	
Explanation of the present situation of food situations in the world.	
♪　*Good-bye song*	

　子どもたちに日本語を使用せずに英語だけで内容を伝えるため，CBI に絵など の視覚教材は不可欠なものです。ゆえに，教える内容にあった独自のフラッシュ カードを何枚も作成しました。図1はその時使用したフラッシュカードです。

キーマカレー　　　　　　　　　　ジャンバラヤ

図1　世界の米料理 (カレイラ他，2007, p.18 より引用)

また，世界の米料理や米作りといった発展的な内容を英語で理解させることには限界があります。このため，静止画だけでなく動画の視聴覚教材を用いました。NHK 教育テレビジョンの「おこめ」の番組のタイの焼畑に関する部分のみを視聴させ，英語の説明では理解できなかった焼畑について具体的なイメージを持たせました。CBI では，視聴覚教材は言語の意味を伝達するだけでなく子どもたちの興味を惹きつけ，英語の授業の幅を拡げることができるという点で重要な意味を持ちます。

　下記は子どもたちの感想です（カレイラ他，2007，pp.11-12）。

- ・　楽しかったです。言っていることがわからなかったけれど，知っている単語を少しでも拾おうと思うので，英語が上達しそう。
- ・　英語に対する価値観がかわった。おもしろかった。
- ・　最初は意味が分からなかったけど，やっていくうちに分かってきた。
- ・　日本だけでなく外国のことが知れてよかった。
- ・　英語で国の名前を 6 ヵ国以上覚えられた。
- ・　自己紹介のゲームなどがおもしろかったです。
- ・　おにぎりをライスボーと言うのとおにぎりを投げるのが面白かった。

図 2 は実際の授業の様子です。

図 2　実際の授業の様子　　（カレイラ他，2007，p..20 より引用）

　また，以下はコシヒカリの家系図です。図 3 を見せながら，家族の紹介の仕方を学びます。以下のように英語で説明します（Carreia, 2006 を参考にし，一部変更）。

What are the relationships among Japanese rice?

（日本のお米にはどのような関係があるでしょうか。）

They are like a family.

（家族のような関係があります。）

Look at the family tree of rice.

（このお米の家系図を見てください。）

Koshihikari was first produced in 1956.

（コシヒカリは 1956 年に最初に作られました。）

Koshihikari is the most popular rice in Japan.

（コシヒカリは日本で一番人気のあるお米です。）

Nouin 22-gou is *Koshihikari*'s mother and *Nourin 1-gou* is *Koshihikari*'s father.

（コシヒカリは農林 22 号がおかあさんで農林 1 号がおとうさんになります。）

Koshihikari has three brothers and is the youngest.

（コシヒカリは 3 人の兄弟(brothers)がいます。コシヒカリは末っ子です。）

The oldest child is *Koshijiwase*, the second child is *Hounenwase*, the third is

Hatsunishiki, and the youngest is *Koshihikari*.

（長男が越路早生で，次男がホンネンワセ，三男がハツニシキで，末っ子がコシ
ヒカリになります。）

Koshijiwase and *Hounenwase* are produced even now.

（越路早生とホンネンワセは今でも作られています。）

In 1963 *Hatsunishiki* became a mother and produced *Sasanishiki*, so *Koshihikari* is her

uncle.

（1963 年にハツニシキがお母さんになりササニシキを生み出しました。つまりコ
シヒカリがササニシキのおじさんにあたります。）

Sasanishiki is as delicious as *Koshihikari*.

（ササニシキもコシヒカリと同じくらいおいしいお米です。）

Koshihikari is the mother of *Akitakomachi* and *Hitomebore*,

(コシヒカリがおかあさんになってあきたこまちやひとめぼれなどを生み出しま
した。)

The father of *Hinohikari*, the second most commonly produced in Japan, is *Koshihikari*, too.

（日本で2位のヒノヒカリもコシヒカリがお父さんになっています。）

Various delicious varieties of rice have been developed from the *Koshihikari* family, but it is difficult to match the popularity of *Koshihikari*.

（コシヒカリの血統からいろいろおいしいお米が開発されましたが，それでもコシヒカリの人気をぬくことは難しいのです。）

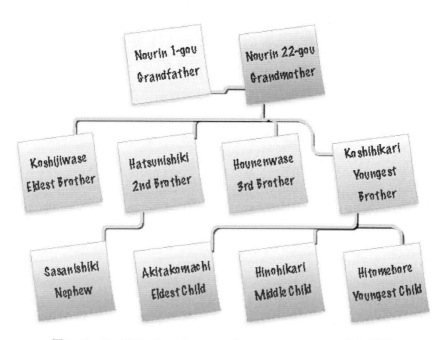

図3　The Koshihikari Family Tree　（Carreira, 2006, p.　27より引用）

カレイラ他（2007, p.15）は CBI について，以下のことを示唆しています。

・　米という身近な食べ物を軸にして，他の国に目を向けることができる。

・　米の多様な種類，栽培法があることを知ることで，異なる文化への寛容性を育てる。

- 予め持っている知識を発展させ，次々に関連付けられることにより推察力を伸ばす。
- 与えられた情報や知識をフルに使って想像力を育てる。
- 内容を理解するために必要な，英語自体への興味関心が高まる。
- グループ活動で問題解決的な課題と取り組むことにより，仲間の答えを聞こうとする姿勢が育つ。
- 主体的に学習する態度が育つ。

　CBI で大切なことは「今，全部わからなくてもいい」というメッセージを児童に送り続けることです。提示する内容に意味がある限り，一度で完全に理解できなくても情報を提供することは想像力を育てることにつながります（吉村，2000）。CBI は小学校英語活動において，特に，小学校高学年に適切な教授法です。ただし，CBI を行うには，教える教員の高い英語力が必要となります。

【コラム】
　家族を紹介するレッスンにおいて自分の家族の写真を使って家族を紹介させるアクティビティを掲載している指導書を見かけますが，現在は家庭事情がかなり複雑であり，片親のみ・義理の親・義理の兄弟・両親がいない子どもたちがクラスに何人かいることが推測できます。そのような中，自分の家族の写真を使って紹介するアクティビティを行った場合，複雑な家庭事情がある子どもたちはどのような思いになるでしょうか。しかし，だからといって家族に関係する語彙や紹介の仕方を一切教えないというわけにはいきません。そのため，上記のようなコシヒカリの家系図を使用して家族の紹介を行うアクティビティであるなら，たとえ，複雑な事情がある子どもたちであってもコシヒカリの家族のことを学んでいるためにあまり不快感を持つことなく，家族に関する語彙や表現を学ぶことができるのではないかと思います。

2.2. 他教科の内容を取り入れたテーマ学習
　小学校学習指導要領（平成 29 年告示）解説外国語活動・外国語編(文部科学省，2017，p.45)において「言語活動で扱う題材は，児童の興味・関心に合ったものと

し，国語科や音楽科，図画工作科など，他教科等で児童が学習したことを活用したり，学校行事で扱う内容と関連付けたりするなどの工夫をすること」と明記されたため，日本の小学校英語活動において，他教科の内容を取り入れたテーマ学習が，今後一層行われるようになると思われます。このように他教科の内容と外国語の学習を組み合わせた教授法を Content and Language Integrated Learning(CLIL)といい，また，時には教科横断的な学習であるクロスカリキュラムと呼ばれることもあり，上述した CBI とも言えるでしょう。次では，各教科の内容を小学校英語活動に取り入れた場合，どのような授業を行うことができるのかを概観し，各教科に関する英語表現を学習します。

2.2.1. 理科に関する英語表現

　小学4年生で星について学習し，星の観察などを経験しますので，星座を題材に取り上げることができます。星の名前を学習したり，地球からの距離のクイズを行ったりすることができます。ただし，私たちが中学・高校ではあまり学習してこなかった語彙が多いため，教える教員側がこのような語彙を覚える必要があります。以下に理科に関する語彙のリストを記載します。あまり馴染みのない語彙が多いと思いますが，どれも児童英語関係の辞書やテキストに掲載されているものです。

宇宙に関する語彙

星座	constellation
隕石	meteor
彗星	comet
惑星	planet
水星	Mercury
金星	Venus
地球	Earth
火星	Mars
木星	Jupiter
土星	Saturn
天王星	Uranus

冥王星	Pluto
海王星	Neptun
太陽系	solar system
天の川	Milky Way
北極星	Polaris
北斗七星	Big Dipper
満月	a full moon
半月	a half moon
三日月	a crescent moon
流れ星	a shooting star
望遠鏡	telescope

植物に関する語彙

種	seed
根	root
芽	sprout
茎	stem
芽	bud

2.2.2. 算数に関する英語表現

　算数は全世界共通の概念なので，取り入れやすい分野です。計算や図形のことなどを英語で教えることができます。以下は足し算・引き算・掛け算・割り算に関する英語表現です。

2 足す 3 は 5 です。

Two plus three is five.

5 引く 3 は 2 です。

Five minus three is two.

2 かける 3 は 6 です。

Two times three is six.

6 割る 3 は 2 です。

Six divided by three is two.

　また，以下のような算数の応用問題を出すこともできます。

ケイトは 2 羽の鳥を見ました。ケンは 3 羽の鳥を見ました。全部で何羽の鳥を見ましたか？

Keito saw two birds.　Ken saw three birds.　How many birds did they see in all?

トムは 4 つのリンゴを買いました。そのうち 2 つを食べました。何個のリンゴを持っているでしょうか。

Tom bought four apples. He ate two of them. How many did he have?

【やってみよう】

　上記を参考にして，算数の応用問題を作ってみましょう。

_____

_____

_____

_____

_____

_____

_____

_____

_____

_____

2.2.3. 体育に関する英語表現

　動作を行いながら，英語を学習できることから，体育を英語で行っている小学校があります。また，英語の授業の中で，体育に関することを話題にすることもできます。以下は体育に関する英語表現です。日本語を見て英語がすぐに言えるようになるまで，何度も練習しましょう。

位置について，ヨーイドン。
On your mark. Get set. Go!

背泳ぎできる？
Can you swim the backstroke?

平泳ぎできる？
Can you swim the breaststroke?

クロールできる？
Can you swim the crawl?

どれくらい背泳ぎ（平泳ぎ・クロール）で泳げるの？
How far can you swim the backstroke(the breaststroke・the crawl)?

逆立ちできる？
Can you do a handstand?

頭立ちできる？
Can you do a headstand?

でんぐり返しできる？
Can you do a somersault?

側転できる？
Can you do a cartwheel?

腕立て伏せできる？
Can you do push-ups?

腹筋できる？
Can you do sit-ups?

何回腕立て伏せ（腹筋）できる？
How many push-ups (sit-ups) can you do?

2.2.4. 図工に関する英語表現

　何かを作ったり，色を塗ったり，絵を描いたりする活動は小学校の英語活動で
よく行われています。学年が上がるにつれて高度な作品を作る活動を取り入れて
いきましょう。

作る

　小学校の英語活動では，ぶんぶんゴマを作ったり，紙飛行機を作ったり，楽し
い活動を行うことができます。以下は何かを作成するときによく使う英語表現で
す。日本語を見て英語がすぐに言えるようになるまで，何度も練習しましょう。

半分に折って。
Fold it in half.

折り紙を外折にして。
Fold the sheet with colored side out.

この線で山折りをします。
We do a mountain fold at this line.

この線で谷折りをします。

We do a valley fold at this line.

テープで止めてね。

Hold it down with tape.

糊のキャップをしめるのを忘れないように。

Don't forget to cap the glue.

糊をぬってもっと大きな紙に貼って。

Glue it on the larger sheet.

切り取って。

Cut it out.

ウサギの形に切り抜いて。

Cut out the shape of a rabbit.

塗り絵

　色を塗る活動は，特に，小学校低学年に適しています。活動的なゲームを行った後などに，塗り絵のような活動を行うと，バランスのとれた授業になります。以下は塗り絵を行うときの英語表現です。日本語を見て英語がすぐに言えるようになるまで，何度も練習しましょう。

塗り絵をしましょう。

Let's do some coloring.

口をオレンジに塗ってください。

Color the lips orange.

車を緑に塗ってください。

Color the car green.

その絵を好きな色に塗ってください。

Color the picture whatever color you like.

この椅子は何色にしたい？

What color do you want for the chair?

ここは青にしたほうがいいよ。

You might as well use blue here.

絵を描く

　著者は新しい語彙を学習させた後に，その語彙の絵を描かせる絵ビンゴをよく行いましたが，小学校低学年から小学校高学年までどの学年の児童も楽しく絵ビンゴを行っていました。以下は絵を描くときの英語表現です。日本語を見て英語がすぐに言えるようになるまで，何度も練習しましょう。

言われたとおりに絵を描いて。

Draw the picture as you are told.

好きな絵を描いて。

Draw any picture you like.

垂直線を引いて。

Draw a vertical line.

水平線を引いて。

Draw a horizontal line.

曲線を引いて。

Draw a curved line.

まっすぐな線を引いて。

Draw a straight line.

正方形を描いて。

Draw a square.

丸を描いて。

Draw a circle.

名前を右上に書いて。

Write your name in the upper right corner.

魚にまるをつけて。

Circle the fish.

木の上にカエルを描いて。

Draw a frog at the top of the tree.

木の下にカエルを描いて。

Draw a frog under the tree.

木の前にカエルを描いて。

Draw a frog in front of the tree.

木の後ろにカエルを描いて。

Draw a frog behind the tree.

木の隣にカエルを描いて。

Draw a frog next to the tree.

魚が描けていなかったら減点 1 点。

Minus one point for no fish.

【モデル授業】

　以下は，英語で指示を出しながら絵を描かせる授業の一例です。日本語を見て英語がすぐに言えるようになるまで，何度も練習しましょう。

(1)　今日は絵を描きます。

(2)　色鉛筆を取り出して下さい。

(3)　この紙を配ってくれる?

(4)　まず名前を右上に書いてください。

(5)　真ん中に自転車を描いてください。

(6)　その自転車を好きな色に塗って。

(7)　自転車の隣にうさぎを描いてください。

(8)　うさぎはピンクに塗りましょう。

(9)　木を右側に描きましょう。

(10)　葉を緑に幹を茶色に塗ってください。

(11)　左側に黄色いドアの家を描きましょう。

(1)　Today we are going to do some drawing.

(2)　Take out your colored pencils.

(3)　Can you pass round these sheets of paper?

(4)　First, write your name in the upper right corner.

(5)　Draw a bicycle in the middle.

(6)　Color the car whatever color you like.

(7)　Draw a rabbit next to the bicycle.

(8)　Color the rabbit pink.

(9) Draw a tree on the right.

(10) Color the leaves green and the trunk brown.

(11) Draw a house with a yellow door on the left.

【やってみよう】

　上記で学んだ表現や【モデル授業】を参考にして，絵を描いて，色を塗る指示を英語で書いてみましょう。

_____

_____

_____

_____

_____

_____

_____

_____

_____

_____

_____

_____

_____

_____

_____

_____

_____

_____

_____

_____

_____

2.3. 学習ストラテジーを取り入れた教授法

　1996年度の中央教育審議会の答申を受け，現行の学習指導要領において重要な指導理念となっている「生きる力の育成」は，本来，全ての教科・学習活動において考慮されるべきものです。この生きる力の育成と言語指導の関係について，尾関(2006, p.17)は，「自律した学習者とは，自分の学習をコントロールできる学習者であり，学習管理，認知プロセス，学習内容という3つのレベルにおいて自分の学習をコントロールできる学習者である」と述べています。この自らの学習活動をコントロールする核となる能力がメタ認知であり，メタ認知は図1のように知識的側面と活動的側面から成り立っています。

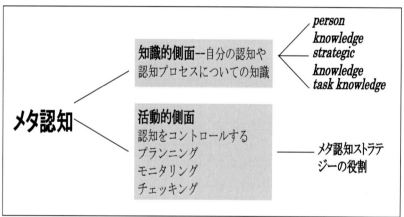

図1　メタ認知の分類とその役割　（尾関, 2006 , p.19より引用）

　こうしたメタ認知を重視した学習ストラテジーの指導と小学校の英語活動の関係を大和・津田・カレイラ・木村・林(2008)は図2のような関係を提案し，小学校英語活動における言語学習としての指導目標と教育全般の指導目標が，学習ストラテジーの指導を介して学びの基礎力を向上させることにより，相互補完的に達成するだろうと述べています。ところで，言語学習における学習ストラテジーとは，言語習得をより効果的にするために，情報を処理し，理解し，記憶にとどめるときに，学習者が使う思考過程や行動のことです（尾関,2006)。たとえば，語彙をグループ化して覚えたり，何かと関連づけて覚えたりすることなども学習スト

ラテジーと言えます。

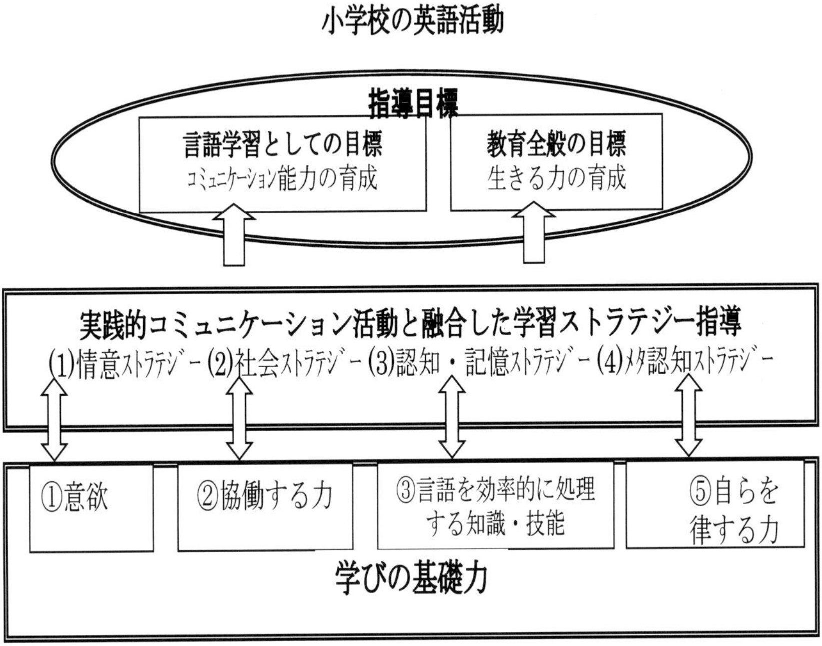

小学校の英語活動

指導目標

言語学習としての目標	教育全般の目標
コミュニケーション能力の育成	生きる力の育成

実践的コミュニケーション活動と融合した学習ストラテジー指導
(1)情意ストラテジー (2)社会ストラテジー (3)認知・記憶ストラテジー (4)メタ認知ストラテジー

①意欲	②協働する力	③言語を効率的に処理する知識・技能	⑤自らを律する力

学びの基礎力

図2. 小学校英語活動における学習ストラテジーの位置づけと役割（大和他, 2008,
　　p.167 より引用：大和, 2005 を改変して作成）

　筆者は，大学英語教育学会（JACET）の学習ストラテジー研究会のメンバーと
ともに，学習ストラテジーをどのように小学校英語活動に取り入れていくことが
できるかの研究を行い，いくつかの小学校で学習ストラテジーを取り入れた授業
実践を行ってきました。下記はその一例です。

図 3　学習ストラテジーと良太君＆困っ太君（大和他，2008, p.169 より引用）

最初の授業

　図3を提示しながら以下のような学習ストラテジーに関する説明を行います(大和他，2008）。

1.　英語の学習に限らず全ての学習に関して，優れた学習者（良太君タイプ）と未熟な学習者（困っ太君タイプ）の2つのタイプが存在することを理解させる。

2.　2つの学習者タイプの特徴を多数例示し，その特徴がどちらの学習者に当てはまるかを個人や小グループで考えさせる。

3.　自己診断表を用いて，自らの学習者タイプを診断・理解させ，仮に困っ太君タイプであると診断されたとしても，学習ストラテジーを学ぶことにより，良太君タイプに「必ずなれる！」ことを理解させる。

4.　いくつかの学習ストラテジー(Prediction:予想する, Verify Prediction : 予想を確かめる，Cooperate: 友だちと協力する)を実際に使う経験をさせ，ストラテジーというものが，これまでにも何気なく使ってきたものであり，決して難しいものではないことを理解させる。

2回目以降の授業

　「本時の指導ストラテジー」としてメモをとる（Take Notes）・友達と協力する（Cooperate）・自分に（大丈夫と）言い聞かせる（Self-Talk）などの学習ストラテジーを通常の授業の中に組み込みます。授業の最後に毎時間「英語活動学習ジャーナル」を書かせ，子どもたちは毎回の授業の振り返りを行います。以下のような「英語活動学習ジャーナル」を配布しました。

　詳しい学習ストラテジー指導に関しては，「英語教師のための学習ストラテジーハンドブック」大学英語教育学会学習ストラテジー研究会 (著) 大修館書店を参考にして下さい。

英語活動学習ジャーナル(大和他, 2008, p.176 より引用：廣森,2006 を改変して作成)

　これは，みなさんの英語活動をより楽しく役立つようにするためのものです。
成績には関係ありません。授業を受けている時やあとで感じたことを，自由に
書いてください。

　I.　今日の授業に対するマイゴール！

　　今日の授業で，自分が特に頑張ろうと思っていることを書いてみよう。

　　　　①

　　　　②

　II.　授業メモ

　　　このスペースは，授業中，自由に使ってください。

　III.　今日の授業の振り返り

　　今日の授業の頑張り度を自分自身で評価してみよう。

1	2	3	4	5
全くそう思わない	そう思わない	どちらでもない	そう思う	強くそう思う

ア　授業の内容がよく理解できた	（1・2・3・4・5）
イ　授業に積極的に参加できた	（1・2・3・4・5）
ウ　ストラテジーを積極的に使った	（1・2・3・4・5）
エ　マイゴールを達成できた	（1・2・3・4・5）

授業の感想や先生へのメッセージがあれば気軽に何でも書いてください。

理解度テスト

1．以下の文が正しければ（　）に○を入れ，間違っている場合は×を入れてください。

(1) (　　) CBIとは教科内容と第二言語スキルを同時に指導することです。

(2) (　　) 子どもたちに日本語を使用せずに英語だけで内容を伝えるため，CBIを行う際に絵などの視覚教材は不可欠です。

(3) (　　) 言語学習における学習ストラテジーとは言語習得をより効果的にするために，情報を処理し，理解し，記憶にとどめるときに，学習者が使う思考過程や行動のことです。

2．次の日本語を英語に直してください
　(1) その絵を好きな色に塗ってください。

　　_____

　(2) 逆立ちできる？

　　_____

引用文献

Brington, D. M., Snow, M. A. & Wesche, M. B. (1989). *Content-based second language instruction*. New York: New bury House.

Carreira,J. M. (2006). Family tree of rice activities, *The Language Teacher, 30,* 26-28.

カレイラ松崎順子・大久保奈緒・秋山道子・田邉紗也子(2007). 内容重視の初等英語教育：「総合的な学習の時間」における国際理解教育 *Language Education &Technology,44,*1-21.

廣森友人 (2006). 学習ストラテジーについて知っておきたいこと　JACET 学習ストラテジー研究会（編）　英語教師のための学習ストラテジーハンドブック　大修館書店　pp.6-13.

笠原小学校・笠原中学校 (2006). 平成 15 年度〜17 年度文部科学省研究開発学校

公表会研究紀要（3年次）

文部科学省 (2017). 小学校学習指導要領（平成 29 年告示）解説外国語活動・外国語編

尾関直子 (2006). 学習ストラテジーを指導すれば生徒が変わる　JACET学習ストラテジー研究会（編）英語教師のための学習ストラテジーハンドブック　大修館書店　pp.15-22.

大和隆介 (2005). 言語学習における個人差要因と学習ストラテジー　和田稔（監）PCOLA デジタル版英語科教育授業実践資料集　理論編 1　ニチブン　pp.106-108.

大和隆介・津田ひろみ・カレイラ松崎順子・木村　隆・林　靖子 (2008). 自ら学ぶ工夫を取り入れた小学校英語活動のためのパイロット授業　JACET 中部支部 25 周年記念論文集, 165-176.

吉村峰子 (2000). 公立小学校でやってみよう！英語「総合的な学習の時間」にすすめる国際理解教育　草土文化

第3章　小学校での英語活動

　小学校英語活動は，語彙や文法を教えて，その定着や習得に重点を置くのではなく，英語活動を通して言語や文化に対する理解を深め，コミュニケーションを図ろうとする態度の育成が目標となります。そのような目標を達成するために，小学校英語活動では，適切な場面を設定し，その中で子どもたちは創造力を生かして楽しみながら英語を使うことができるような活動を行います。本章では，小学校英語活動はどのようなものであるかを概観した後，小学校で行われている英語活動（歌，ごっこ遊び，Show and Tell，インタビュー活動，物語や映画を使用した指導法）について解説していきます。

　本章の学習達成目標は以下の8点になります。

3.1. 小学校で行う英語活動とはどのようなものであるかを理解する。

3.2. 小学校英語活動において，聞く・話すに関してどのような指導を行うべきかを理解する。

3.3. 小学校英語活動において，読む・書くに関してどのような指導を行うべきかを理解する。

3.4. 小学校英語活動において，どのような歌の指導を行うべきかを理解する。

3.5. 「ごっこ遊び」に関する実際の指導案を見ながら，小学校英語活動において，どのような「ごっこ遊び」が適切であるかを理解する。

3.6. Show and Tell およびインタビュー活動を小学校英語活動において，どのように行うべきかを理解する。

3.7. 小学校英語活動において，どのように物語を活用することができるかを理解する。

3.8. 小学校英語活動において，どのように映画を活用することができるかを理解する。

3.1. 小学校で行う英語活動とは

　英語を学ぶための練習には．様々な方法があります。たとえば，文の一部を入れ替えて行うパタン・プラクティスや機械的に語句や表現を繰り返す練習（ドリル）などがあります。ところで，小学校の英語活動の目的は，英語を知識として教えることではありません。つまり，私たちが中学や高校で学んできたように語彙や文法を教えて，その定着や習得に重点を置くのではなく，英語活動を通して言語や文化に対する理解を深め，コミュニケーションをはかろうとする態度の育成が目標となります。ゆえに，小学校英語活動では，このような練習方法は好ましくありません。では，どのような指導を行うべきでしょうか。いわゆる，アクティビティという活動というもので，子どもたちの興味・関心に配慮しながら，実際の生活に近い場面で使ううちに，知らず知らずのうちに繰り返すことによって，習得するように意図された練習を行うべきです（影浦, 2007）。ゆえに，小学校の英語活動では，ドリルよりも活動に比重をかけた練習を多く設定する必要があります。伊藤（2004, p. 8）は「児童は音感やリズム感がすぐれている」「児童は五感が鋭敏である」「児童は運動感覚がすぐれている」「児童は好奇心が旺盛である」ため，このような児童の特性に基づき，「歌やチャンツを活用する」「音声教材や映像教材を活用する」「動作やリズム遊びを活用する」「ゲームやクイズを活用する」ような指導が，小学校英語活動に適切であると述べています。一方，影浦（2007, p.68）は，子どもにとって楽しいと思われる活動は，「くどい説明がいらない分かりやすい活動であること」「テレビなどをヒントにしたような目新しい活動であること」「場面を設定することによって表現に現実味をもたせること」「競争の要素を少し含むこと」「活動で使う英語を通して自分のことを表現できること」であると述べています。小学校の英語活動では，子どもを引きつける活動，すなわち，子どもが授業に参加して何かを夢中で行い，いつの間にか時間がたち，「まだやりたい」と思うようにさせることが必要です。

　また，子どもたちの興味・関心を把握し，子どもたちのニーズを敏感に授業に取り入れるために，授業中や休み時間の子どもたちの何気ない言葉や反応などにアンテナを高く張り巡らせるようにしましょう。常に，楽しく終わり，次の授業が楽しみであるという雰囲気を作るようにすることが大切です。

　子どもたちが興味をもって楽しめるようにするために．子どもたちに英語の語

彙や表現の丸暗記を強要しないようにしましょう。授業の中で，子どもたちが面白いと感じるような活動を通して，子どもたちを夢中にさせながら，目標としている語彙や表現等の言語材料を繰り返して聞かせたり言わせたりします。そして，子どもたちが授業後に習った歌を口ずさんだり，それらの語彙や表現を声に出すようになることが大切です。

　また，授業の準備として，次のようなことを行います(Slattery & Willis, 2003, pp.212-213)。

- ・　先生は，授業中に英語を使うことで子どもたちに英語を教えるのだと覚えておく。
- ・　必要な教具を前もって揃えておく。
- ・　授業を細かい段階に分けて考え，注意深くアクティビティに順序をつける。活動的で活発なアクティビティの後に，静かなアクティビティをするようにする。
- ・　壁に掲示物を貼る十分なスペースを子どもたちにこれから何をするか説明し，なぜそれに取り組むのかがよく分かるようにする。
- ・　分かりやすいおおよその授業の流れを決めておくと，子どもたちは安心して授業に参加することができる。
- ・　子どもたちがどのように言葉を習得するかという基本を常に忘れないようにする。
- ・　それぞれのアクティビティをするときに，なぜそれをするのか，どんなときに子どもがリスニング，スピーキング，リーディング，ライティングを必要としているかを考える。
- ・　子どもたちがすでによく知っている言葉を，どのようにしたら最も有効に用いることができるかを考える。
- ・　新しい言葉を学ぶ際の適切な課題を作る。前後関係から理解できるようなものがよい。
- ・　1人1人の子どもたちそれぞれに対して注意を払うようにする。こうして，子どもたちに先生が子どもたち全員の進歩を見守っているということを示すようにする(数回の授業に渡って多くの子どもに個別の働きかけをするとよい)。

- 子どもたちをどのようにグループ分けするか，様々なアクティビティでの子どもの位置を決めておく。

3.2. 聞く・話す指導

　言葉は，まず，音声です。英語を学ぶ際に，英語をたっぷりと聞くことによって，英語の音声に慣れることが大切です。小学校での英語活動において聞く・話す・読む・書くということを同時にすべて導入することは，子どもたちにとって大きな負担になり，英語嫌いを生み出す大きな要因となります。ゆえに，小学校では，音声中心の英語活動を中心に行います。子どもたちに可能なかぎり英語を聞かせるようにしましょう。子どもたちはレベルに合った英語をなるべく多く聞く必要があります。子どもたちのレベルにあった英語とは少しやさしいか，ちょうど聞いてわかる程度，または少し上のレベルがよいと思われます。あまり難しすぎると，子どもはやる気や自信をなくします。

　授業だけでは，子どもたちの英語を聞く力が伸びることはあまり期待できません。授業外でも英語を聞かせることが大切です。子どもや保護者に家で英語のテープや CD を聞くように勧めたり，英語のビデオや DVD を見ることを勧めたりすることもよいと思います。今はネット上のコンテンツが充実しており，パソコンやタブレットを利用すれば自宅でも十分に英語に触れることができます（第 5 章と 3.7. 物語を使用した指導を参照）。

　子どもたちが教室で英語を使い始めたら，先生は子どもたちに英語をどんどん使わせるようにしましょう。子どもの興味・関心を引きつけてそれを持続させるためには，子どもたちが有意義だと感じるやり方で，新しい語彙や表現パターンを何度も繰り返し，たくさん練習を行う必要があります。

　私たちが受けてきた英語学習は，多くの場合，いかに語彙や文法事項や構文をたくさん覚えるかということに重点がおかれてきました。また，私たちは「目で読んで英語を理解する」という教育を受けてきました。文字で確認しないと不安になり，文字を見て発音をするという方法を行ってきましたが，小学校英語活動では「耳で聞いて英語を理解する」すなわち音声に十分に慣れてから段階を経ながら文字に慣れていくというプロセスを大切にしていきます。

　また，私たち日本人は，文法や訳読中心の英語教育の中で，文法の正しさを意

識し，これで文法的に正しいのかどうかいろいろ考えているうちに，話すタイミングを失ったり，黙ってしまったりすることがあります。ゆえに，小学校英語活動では，「正しくなければ英語ではない」という発想から，「通じなければ，英語ではない」という発想の転換が必要です。そのため，小学校英語活動では，間違ってもいいから英語をどんどん使っていこうとする態度を育成することが必要です。では，子どもたちが英語を間違えた場合どのようにすればいいでしょうか。間違いの訂正方法には様々ありますが，一番望ましいのはそれを正しい表現で言い換える(rephrase)ことです。言い換えて訂正する方法は，子どもたちに心理的な負担を感じさせません（Slattery & Willis, 2003）。否定的なことを言わずに，正しい英語に言い換えて聞かせることは，子どもにとって大きな支えとなります。Slattery & Willis (2003, p. 202)は，言い換えを行うことの利点を以下のように述べています。

- これによって先生は，子どもが言った英語は完璧ではないが，完璧でなくても構わないことを示している。
- 子どもたちがコミュニケーションをしようとしている内容が大切なのだということを示している。
- うまくコミュニケーションができていると示すことにより，子どもたちが英語で話を続けるように励ましている。
- 子どもたちが言おうとしていたことをより正確な表現で聞かせることによって，上達を促している。
- 1人の子どものために発言を言い換えているが，たいていは，他の子どもたちもそれを聞き学習している。

　コミュニケーション活動中に表現を忘れてしまったり，どうしていいかわからなくて困ったりしている子どもたちに，ヒントやアドバイスを与えてもかまいません。しかし，誤りをすべて訂正する必要はなく，コミュニケーションの活動中は，教師が誤りを細かく指摘するより，よくできた所やがんばった所を見つけてほめるほうが，子どもたちの学習意欲を高めることができます。

3.3. 読む・書く指導

　外国語として英語を習う子どもは，まず聞く・話すことを十分に行うことが必要です。しかし，学習が進むと，「読みたい，書きたい」という文字への知的欲

求が生じてきます。英語を教科として研究する研究開発学校や教育特区の小学校
では、聞く・話すに加え、小学4年生から段階的に読む・書くことを指導目標に加
えているところが多く、また、日本に先駆けて小学校で英語教育を実施している
韓国、台湾、中国のアジア諸国においても小学4年生前後から読む・書くことの指
導を行っています。こうした現状からも、音声指導の次の段階として、文字の指
導を遅らせ、「読む」「書く」指導へとつなげることを無理に避ける必要はない
と言えます（矢次・國方, 2005）。矢次・國方(2005, p.138)は、文字指導には「児
童の知的欲求、興味に合致している」「文字が記憶の手だてとなり、記憶を保持
させる」「聴覚情報に視覚情報が加わることで内容理解が進み、英語学習を促進
させる」という意義があると述べています。音声だけでは不安を感じる小学校高
学年に、文字指導を無理に避ける必要はありません。ただし、十分な音声指導を
行ってから、子どもの興味や発達段階に合わせて導入し、いきなり書かせたりす
るようなことは避けなければなりません。たとえば、アルファベットの指導は、
アルファベットの形を身体で表わす人文字作り、アルファベットの書かれたカル
タやビンゴゲームなどで楽しく導入にしてきましょう。大文字を覚えたら、次に
小文字を教えていきます。大文字と小文字すべて提出し終わったら、神経衰弱の
ゲームで大文字と小文字の識別のゲーム（大文字・小文字がペアーになる神経衰
弱）を始めます。文字を無理に教え込もうとはせず、音声中心の指導の中で文字
を使って遊ぶ活動を取り入れていきます。

　また、子どもたちのレベルや興味にあわせて、アルファベットを書くドリルを
毎回5分から10分程度行うこともできます。子どもたちは静かに書く練習を行いま
す。ただし、書く練習に関しては、個人差が一番大きく現れますので、苦手意識
から英語学習への意欲を損ねないようにする必要があります。英語以外の教科な
どで書くことに抵抗のない子どもは、アルファベットの練習も何の抵抗もなく行
いますが、他教科でもノートをきちんと書けない子などは、このような作業にか
なり時間が取られます。

3.4. 歌の指導
　歌は、はじめて外国語・英語に触れるその第一段階として有効な方法です。英
語の歌を歌うことによって、英語の発音やリズムはもちろんのこと、語彙や表現

などが自然に身に付いていきます。また，授業を始める際の雰囲気作りや授業の終わりなどに使うことができます。特に，体を動かしながら歌う歌や手遊び歌などを子どもたちは喜んで歌います。ただし，学年があがるにつれて歌わなくなる子どもが増えてきますので，小学校高学年の興味にあった歌を導入しましょう。ある小学校では小学校高学年の授業に USA for Africa の *We Are the World* を取り入れています。ポップスを授業に取り入れていくことには賛否両論あるかと思いますが，歌詞の内容が小学生にふさわしいものであり，教育上好ましいと思われるものであれば，取り入れてもかまわないと思います。ただし，あまりにも男女の愛を強調したものや子どもたちの年齢にそぐわない歌・暴力的な歌などは避けるべきです。

　歌の選択に際しては，影浦（2007, p.77）は以下の点に留意する必要があると述べています。

- リズム感があること
- 体の動きを伴うこと
- 歌詞に繰り返しがあること
- 自然に覚えられるような曲や歌詞であること
- 年齢にふさわしい内容であること

　以下は小学校でよく歌われる英語の歌です。（　　）に適切な学年（低学年・中学年・高学年）を記載しましたので，曲を選ぶ際に参考にしてください。なお，これらの歌はアルク「英語の歌＆アクティビティ集」「うたおう！マザーグース下巻」「うたおう！マザーグース　上巻」に CD 付きの本として販売されています。

- *Head Shoulders Knees And Toes*（低学年）
- *Baa, Baa, Black Sheep*（低学年）
- *The Muffin Man?*（中学年）
- *Here We Go Round The Mulberry Bush*（低学年・中学年）
- *Hickory Dickory Dock!*（低学年）
- *Hokey Pokey*（低学年・中学年）
- *Hot Cross Buns*（全学年）
- *Humpty Dunpty*（低学年・中学年）

- *I'm a Little Teapot*（全学年）

- *I Had a Little Nut Tree*（低学年・中学年）

- *If You're Happy And You Know It*（中学年・高学年）

- *Itsy Bitsy Spider*（全学年）

- *London Bridge Is Falling Down*（低学年・中学年）

- *Mary Had a Little Lamb*（低学年・中学年）

- *Old MacDonald Had Farm*（全学年）

- *Peas Porridge Hot*　（全学年）

- *Row, Row, Row Your Boat*（低学年・中学年）

- *Sally G Rund the Moon*（全学年）

- *Six Llittle Ducks*（低学年）

- *Teddy Bear, Teddy Bear*（低学年）

- *Ten Little Indian*（低学年）

- *The Farmer in the Dell*（低学年・中学年）

- *Twinkle, Twinkle, Little Star*（低学年・中学年）

歌の指導の手順

1. 歌の内容を表す絵を示し，単語，歌の歌詞を説明します。

2. CD などで歌を聞かせます

3. 教師が少しゆっくり歌って聞かせます。

4. 歌詞をメロディーなしで，教師の後について一小節ずつ，リズムをこわさないようにゆっくり言わせます。

5. メロディーをつけて，やはり一小節ずつ歌って聞かせ，教師のあとについて歌わせます。

3.5. ごっこ遊び

　ごっこ遊びは，いわゆるロール・プレイといわれるもので，登場人物になって，その場にふさわしい会話を行う活動です。小学校英語活動で行われるものには，「お店屋さんごっこ」，「入国審査ごっこ」などがあります。

　筆者は京都の小学校で小学 6 年生を対象に「お店屋さんごっこ」を行いました。

子どもたちは，文房具屋（stationary store）八百屋（grocery store）ペット屋（pet shop）スポーツ用品店（sporting goods store）くだもの屋（fruit store）魚屋（fish shop）のどれかになります。そして，1・2時間目に自分たちが売る商品を描き，3時間目におはじきをお金にして，自分たちが作った品物（絵）を売ります。参加した子どもたちは，「自分の書いた品物が売れたときは，うれしかった」「実際に買い物をするときに使えそうな表現なので，よかったです」「もっとやりたかった」などと授業後の感想を書いており，楽しんで「お店屋さんごっこ」を行っていました。

3.6. Show and Tell およびインタビュー活動

　Show and Tell とは物を示しながらそれについて語ることです。たとえば，毎回の授業のウォームアップで自分のことを話す表現を教えていき，学期の終わりに発表会の場をもうけてあげましょう。そのときに，自分の好きなものの写真や実物を見せながら，紹介させます。

　その他，学校紹介や住んでいる町の紹介のビデオを作らせることもできます。子どもたちは，テーマに沿って自分たちが描いた絵や実物などを手に持ちながら自己紹介し，絵や実物について英語で一言述べます。このように作成したビデオを，できれば海外の小学校に送ってあげましょう。そのことにより子どもたちは，一生懸命ビデオ作成に取り組みます。

　また，観光地が近い小学校では，実際に観光地に行って，外国人旅行者にインタビューを行っている学校もあります。東京都にある目白小学校では，修学旅行で日光に行く際に，外国人にインタビューを行うプロジェクトを行っています（榎本，2008）。

3.7. 物語を使用した指導

　小学校の英語活動で物語の読み聞かせはよく行われています。よく使われる教材には，以下のようなものがあります。

- *The Very Hungry Caterpillar*
- *Brown Bear, Brown Bear, What Do You See?*
- *From Head to Toe*

- *A Color of His Own*

影浦(2007, p.80)は読み聞かせを行う際に以下のことに留意するように述べています。

- 易しい英語で書かれていること
- 絵が子どもの興味・関心に合うこと
- 繰り返しの表現が多いこと
- 教師自身が身振りや豊かな表情をたっぷり交えながら読むこと
- 話を読み聞かせるだけでなく，クイズやゲームなど色々な活動へと結びつける工夫をすること

　ところで，小学校低学年であれば，英語圏の同じ年齢の子どもたちを対象とした内容の単純な本を読み聞かせても，子どもたちは喜んで聞きますが，年齢が高くなるにつれて，簡単な英語の本を読み聞かせても面白いと感じなくなります。たとえば，「はらぺこあおむし」を小学校低学年に英語で読み聞かせると興味を持って聞きますが，小学校高学年になると「はらぺこあおむし」の内容に興味を示さなくなります。ゆえに，小学校高学年のクラスでは，子どもたちに簡単な内容の物語の紙芝居を作らせて，小学校低学年のクラスで発表するなど活動自体を高度なものに変える必要があるでしょう。

　また, CTP（Creative Teaching Press）社が出版している Learn to Read（LTR）シリーズは 4 つのカテゴリー（Science：理科, Fun & Funtasy, 楽しい読み物：Math：算数, Social Studies, 社会）に分かれています。英語母語話者の子どもたちのためのリーディング教材ですが，日本の子どもたちのリーディング教材として使用することができます。絵や写真がとても鮮やかで，子どもたちにもわかりやすく，1 冊のページ数も 20 ページ以下で読みやすい量です。また，文が短く，同じ語彙や文が何度もでてくるので，子どもたちはすぐに覚えてしまいます。他教科の内容を英語活動で行うには適切な教材を見つけることが難しく，授業の準備が大変ですが，CTP のような教材を利用することにより，系統的に他教科の内容を教えることができます。

　また，何回か同じ絵本を読み聞かせていると，子どもたちは新しい絵本を見たがりますが，英語の絵本はかなり高価ですし，たくさん集めるのは大変なことで

すが，デジタル絵本サイト(国際デジタル絵本学会，n.d.)〈http://www.e-hon.jp/voice/indexv.htm〉には多くの英語の絵本が掲載されており，無料で使用することができます。浦島太郎・桃太郎・かさじぞう・こぶとりじいさんなど30の日本の物語が英訳されており，英語の音声も聞けるようになっています。このようなサイトを英語の読み聞かせに利用することもできます。その他，現在ではパソコンやタブレットを使用することにより，子ども用の絵本を簡単に利用することができます。いろいろ楽しいデジタル絵本がありますので，それらを授業に活用することもできるでしょう。ぜひインターネット上で検索してみてください。

　また，著者は以前に音が出る絵本を使った活動を行ったことがあります。全児童が1本のTag(図1を参照)と呼ばれる付属ペンを持ち，前に置いてある本から各自好きな本をとって自習する活動を10日間行いました。使用した本には絵が多く描かれており，絵と音で英語を理解できようになっています。また，英文も書かれており，英文をタッチすると英文が読み上げられるようになっています。その他，絵をタッチすると歌が流れたり，クイズが流れたりするなど児童を飽きさせない内容になっておりました。教員は何のインストラクションも行っていないのに，児童の英語の語彙力は10日間の自習学習の後明らかに伸びました。カレイラ・執行・下田・坂元（2010）は，児童は自分が興味を持った本を選び，読みたいページを自由にタッチすることにより音と絵をつなぎ合わせ，楽しみながら英語の語彙力を伸ばしていったのでないかと述べており，このようなInformation and Communication Technology （ICT）技術を取り入れた絵本は小学校の英語の授業において副教材および自習用の教材として効果的な教材になるだろうと示唆しています。

図1　Tag

3.8. 映画を使用した指導法

　映画は実際に言語が使用される場面を見ながら学習できるため，言語学習における最高の教材と言われています。ゆえに，子どもたちの興味のある映画を教材として使うならば，小学校英語活動において映画はとてもよい教材になると思います。ところが，映画の中で話される英語は速すぎて，小学生は映画で話されている英語を理解することはできません。しかし，工夫次第で，映画を教材として使うことができます。著者は，小学校高学年にハリーポッターの映画を使った授業を行ったことがありますが，参加した子どもたちは喜んで授業を受けていました。以下では，どのような授業を行ったかを述べます。

　授業では「ハリーポッターと賢者の石」を使用しました。「ハリーポッターと賢者の石」の映像を見せながら，ときどきポーズでとめていきます。その画面をフラッシュカードのようにして利用します。たとえば, Who is that woman? How many people are there in this room? など子どもたちが習った構文を使って，質問をします。小学生はハリーポッターの映画が好きなので, 画面を見ながら一生懸命答えます。

　以下は「ハリーポッターと賢者の石」の中のハリーといとこの一家がダイニングで朝ごはんを食べながら，ダドリーの誕生日プレゼントについて話している場面をポーズで止めて，子どもたちに質問した内容と模範解答です。

> Q: What's his name?
>
> A: His name is Harry Potter.
>
> Q: Where is it?
>
> A: It is a dining room.
>
> Q: Who is that man?
>
> A: He is Harry's uncle.
>
> Q: Who is that woman?
>
> A: She is Harry's aunt.
>
> Q: Who is that boy?
>
> A: He is Harry's cousin, Dudley.
>
> Q: How many people are there in this room?
>
> A: There are four people.
>
> Q: Are they eating, breakfast, lunch, or dinner?

A: Breakfast.

Q: Whose birthday is it?

A: Dudley's.

Q: How many presents did he get this year?

A: He got 36.

Q: How about last year?

A: 37.

　以下はハリーとダドリーの一家が動物園を訪れたときの場面をポーズで止めて，子どもたちに質問した内容です。

Q: Where did they go?

A: They went to the zoo.

Q: What did Harry see?

A: He saw a snake.

Q: Did he talk with a snake?

A: Yes, he did.

　また，映画の中には，子どもたちが既に学習した表現が出てくることもあります。そのような場合，What did Harry say?と聞きます。以下はその一例です。

Q: What did the snake say?

A: Thanks.

Q: How did Harry respond to the snake?

A: He said, "Anytime."

　最後に，扱った場面に関係のある絵を描く絵ビンゴを行います。図 2 は授業に参加した生徒が描いた絵ビンゴです。

　このように工夫次第で映画を小学校の英語活動に取り入れることができます。外国の風景や生活も見ることができるため，文化の違いなども映画を通して学ぶことができます。子どもたちの英語活動に対する動機づけを高めるためにも，積極的に映画を授業に取り入れてみましょう。

図 2　児童が描いた絵ビンゴ（Carreira, 2006, p.13 より引用）

理解度テスト

1．以下の文が正しければ（　）に○を入れ，間違っている場合は×を入れてください。

(1) (　　　　)小学校英語活動は，語彙や文法を教えて，その定着や習得に重点を置きます。

(2) (　　　　)英語の間違いを言い換えて訂正する方法は，子どもたちに心理的な負担を感じさせません。

(3) (　　　　)小学校高学年になると英語活動の時間に歌を歌うのを嫌がる児童が増えます。

(4) (　　　　) Show and Tell とは物を示しながらそれについて語ることです。

(5) (　　　　)アルファベットなどの文字指導は，小学校英語活動では一切行うべきではありません。

引用文献

Carreira, M.J.(2006). Discovering the magic of Harry Potter: Adapting the drama method in an EFL class for upper grade primary students, *JALT PanSig 2005 Proceeding,*10-17.

デイビッド・ポール(2004).子ども中心ではじめる英語レッスン　ピアソン・エデュケーション

国際デジタル絵本学会(n.d.). デジタル絵本サイト　入手先，
　　〈http://www.e-hon.jp/voice/indexv.htm〉（参照 2008-03-17）.

影浦　功(2007). 新しい時代の小学校英語指導の原則 明治図書出版

伊藤嘉一(2004). 第 1 章　小学校英語学習指導の基本　伊藤嘉一（編）小学校英語学習指導指針　各学年の目標および内容　小学館　pp. 5-8.

矢次和代・國方太司(2005).6 章　発達段階にふさわしい活動と活動の進め方 樋口忠彦編 これからの小学校英語教育—理論と実践－　研究社　pp. 120-149.

Slattery, M. & Willis, J. (2003). 子ども英語指導ハンドブック　旺文社

カレイラ松崎順子・執行智子・下田康信・坂元昂　(2010). 音の出る英語の絵本 Tag
　　Reading System を取り入れた小学校外国語活動　コンピュータ＆エデュケー
　　ション 29, 12-17.

第4章　ゲームおよびクイズ

　　小学校の英語活動ではゲームを授業を補助するものとは考えず，言語を導入し定着させるための大事な手段として考えます。子どもたちは遊びながら新しい語彙や表現パターンを発見します。教師は語彙や表現パターンを「教え込む」のではなく，学習活動の中に組み込み，子どもに気づかせるようにするのです。教師としてしなければならないことは，個々のゲームの特徴をしっかりと把握し，必要に応じて使い分けていくことです。本章では，最初に小学校英語活動で行われるゲームの意義というものを考察していきます。次に，ゲームでよく使う英語表現やいろいろなゲーム（すごろく・ビンゴ・カルタ・神経衰弱・陣取り）を行う際に必要な英語表現を学習します。最後に，英語で簡単なクイズを出せるように学習していきます。

　　本章の学習達成目標は以下の3点になります。

4.1. ゲームは，小学校英語活動においてどのような意義があるのかを理解する。

4.2. ゲームで使う英語表現を理解し，ゲームの指示を英語で出せるようになる。

4.3. 英語で簡単なクイズを出せるようになる。

4.1. 小学校英語活動におけるゲームの意義

　デイビッド(2004)は，子どもたちがゲームに熱中しているときに，新しい語彙や表現に出会うならば，教師が前に立って説明するのを聞いているよりも，子どもたちはより動機づけられ，それらの語彙をより内在化できるとし，ゲームを通して新しい語彙や表現を導入し，練習させていく子ども中心のアプローチを提案しました（デイビッド，2004）。すなわち，ゲームの有効性に着目し，ゲームを授業の補助として捉えるのではなく，ゲームを行うなかで，語彙や表現を導入し，練習させ，その後で教師主導の授業において簡単な確認を行うという方法を提案しました。子どもたちに知識を与えるのではなく，知識の背後にある法則やパターンを学びとらせることができれば，子どもたちはその知識をより深いレベルで保持でき，新たな状況の中でもそれを思い起こし，より柔軟に使いこなせるようになります。つまり，英語がどのように成り立っているかという型を自分自身で作りあげたという意識が持てるなら，習ったこと以上のものを覚えることができます(デイビッド,2004)。教師は語彙や表現パターンを「教え込む」のではなく，学習活動の中に組み込み，子どもたちに気づかせるようにするのです(デイビッド,2004)。子どもたちは遊びながら新しい語彙や表現パターンを発見します (デイビッド,2004) 。たとえば，フラッシュカードを使うゲームを行う際には，子どもたちがすでに知っているものの中に新しいフラッシュカードを混ぜ込むのです。子どもたちが学習活動を楽しんでいるならば，どういう意味であるかを知りたがります。また，たとえ子どもたちが新しい単語や表現パターンに気づいたとしても，教師が求めていることをやっているだけだという思いでいるなら，子どもたちは自分自身の意思ではなく教師の指示に従っているだけだと思うことでしょう。ゆえに，子どもたちが自らその新しい語彙や表現を知りたいという状況を作っていく必要があります（デイビッド,2004）。

　一方，ゲームを行う際の留意点がいくつかあります。子どもたちがゲームにあまりにも夢中になりすぎて，クラスのまとまりがなくなり，クラス崩壊につながる可能性もあるので注意が必要です。また，ゲームは子どもたちが終わりたいと思う前に終わらせるべきです。そのことにより子どもたちのゲームへの興味が失われるのを防ぐことができます。次の授業で同じゲームを行ったとき，前回もっとやりたかったゲームだと感じ，喜んで次回も同じゲームを行います。また，ゲー

ムの中には，あまりにもルールが複雑で理解するのが難しすぎて，英語の学習にならないものもありまし，英語学習という面が強調されすぎているゲームがあり，子どもたちのやる気を起こさせないものもありますので注意が必要です。

　また，毎回異なるゲームを行うとゲームのルールを覚えることに一生懸命になるため，ある一定期間は同じゲームを行い，覚えさせたい英語の中身を変えていくようにしましょう。つまり，ゲーム自体を変えるのではなく，同じゲームの中で英語の内容を変えて徐々に難しい英語に挑戦させていきます。

　ところで，教師としてしなければならないことは，個々のゲームの特徴をしっかりと把握し，必要に応じて使い分けていくことです。たとえば，子どもたちが十分に英語を理解していないうちに，英語を発話させるゲームを行わせると，スムーズに英語を発話することができないため，子どもたちにストレスを与える原因となります。教師は，いつどのようなゲームを何のために行うのかを認識してゲームを行うようにしましょう。

　また，子どもたちが充分に考えることをせずに，ゲームに夢中になっているときには，落ちつかせるために少し静かなゲームに切り替えたり，色を塗る・絵を描くなどの活動を取り入れたりしてください。つまり，動と静のゲームをバランスよく取り混ぜていく必要があります。

4.2. ゲームで使う英語表現
　ゲームの指示を出すときには，可能な限り，教師は英語で話しましょう。ここでは，ゲームでよく使う英語表現を学習します。日本語を見て英語がすぐに言えるようになるまで，何度も練習しましょう。

ゲームのはじめとおわり
よーいドン。
Ready set, go.

じゃんけんぽん。
Rock, scissors, paper, one, two, three.
Rock, scissors, paper, shoot.

時間です。

Time's up.

点数を数えて。

Count your points.

一番点数が多いチームはどこ？

Which team has the most points?

勝敗

何点とった？

How many points did you get?

どのチームが勝ったの？

Which team is the winner?

チーム A が勝ちました。

Team A is the winner.

おめでとう。

Congratulations.

二位はチーム B です。

The second place goes to Team B.

引き分けです。

It's a draw.

接戦だったね。

It was a close finish.

誰が勝った？

Who is the winner?

カードゲーム

　小学校英語活動においてカードゲームは重要な役割を果たします。「カードを配る」「カードを並べる」「カードを切る」などの表現を覚えて授業で使ってみましょう。子どもたちはこれらの表現をすぐに理解し、「先生，Shuffle して」などというように子どもたちも使うようになります。以下はカードゲームでよく使う英語表現です。日本語を見て英語がすぐに言えるようになるまで，何度も練習しましょう。

配る・並べる

カードを切ってください。

Shuffle the cards.

すべてのカードを配ってください。

Deal all the cards.

一人に 3 枚配ってください。

Deal three cards for each.

それぞれのペアーが 10 枚ずつです。

Each pair should have ten.

誰が 1 枚足りない？

Who's got one missing?

すべてのカードを混ぜてください。

Mix up all the cards.

カードを机の上に並べなさい。

Spread the cards on the desk.

カードを裏にして並べて。

Spread the cards face down.

カードを表にして並べて。

Spread the cards face up.

カルタ

　カルタは，英語を聞かせるゲームになりますので，語彙を導入した後，すぐ行うゲームとして最適です。教師が何度も語彙や文を繰り返すので，子どもたちは遊ぶなかで自然に英語を体得していきます。以下はカルタでよく使う英語表現です。日本語を見て英語がすぐに言えるようになるまで，何度も練習しましょう。

どのハエたたきがほしい。

Which fly swatter would you like?

はえたたきを肩の上にのせて。

Put your fly swatters on your shoulders.

私が言うカードをたたいて。

Slap the card I say.

間違ったカードを触ったよ。

You touched the wrong card.

次の人にはえたたきを渡して。

Give your fly swatter to the next player.

神経衰弱

　神経衰弱は，子どもたちに発話をさせたいときに行うゲームです。カードをめくるときに，英語を言わせます。英語を正しく言えないと，たとえペアーを見つけられてもそのカードを取ることができないなどのルールを作るなどして，積極的に英語を発話する環境を作りましょう。以下は神経衰弱でよく使う英語表現です。日本語を見て英語がすぐに言えるようになるまで，何度も練習しましょう。

ペアーを見つけてください。
Find matching pairs.

これらのカードはペアーになっています。
These cards are in pairs.

最もたくさんのペアーをとった人が勝ちです。
The one who has the most pairs wins.

カードを表にひっくり返して。
Turn the cards face up.

カードを裏にひっくり返して。
Turn the cards face down.

ペアーになっているね。
They match.

もう一回できるよ。
You can go one more time.

一つのペアーが1点です。
Each pair is one point.

いくつのペアーを持っていますか。

How many pairs do you have?

陣取り

陣取りは子どもたちにとても人気のあるゲームです。やり方を簡単に説明します。

(1) カードを一列に並べて，チームを 2 つにわけ，代表が一人ずつ描かれている絵の語彙や文を英語で言いながら，自分の陣地から順番に手でカードに触れていきます。

(2) 二人が出会ったところでじゃんけんをし，勝ったほうはそのまま進み，負けたほうは次の人と交代をします。

(3) 次の人が自分の陣地から同じようにカードに触れながら進みます。

(4) 早く相手の陣地に到着したチームが勝ちです。

ゲーム自体はシンプルでどの学年でも行えますが，英語を発話しなければ勝てないため，普段はあまり英語の授業に真剣でない子どもたちも，ゲーム前の練習になると真剣になり，これは英語で何というのかと子どもたちのほうから積極的に教師に質問してきます。また，自分の番を待っている間にもこれは英語で何というのかを，子どもたちの間で教えあっています。ただし，カードの英語をまだよく発話できないときに，このゲームを行うと，発話したくても上手に発話できないため，子どもたちにストレスを与えることになりますので，子どもたちがゲームで使う英語表現をよく理解してから，陣取りを行うようにしましょう。以下は，陣取りでよく使う英語表現です。日本語を見て英語がすぐに言えるようになるまで，何度も練習しましょう。

二人があったところで，じゃんけんをして。

When the two meet, do janken

勝った人は次の人と対戦して。

The winner goes on to challenge the next person.

負けた人は列の後ろに並んで。

The loser stands at the back of the line.

それぞれの列の一番前の人，私のところに来て。

The first student in each row comes to me.

ビンゴゲーム

　　ビンゴゲームは小学校英語活動でよく行われています。以下はビンゴゲームで
よく使う英語表現です。日本語を見て英語がすぐに言えるようになるまで，何度
も練習しましょう。

ビンゴの遊び方知っている？

Do you know how to play bingo?

一枚とってまわしてください。

Take one sheet and pass them on.

みんなシート持っている？

Does everyone have a sheet?

私が言う文字に線を引いて消して。

Cross out the letter I say.

誰がビンゴですか。

Who has Bingo?

全部の四角を埋めた？

Are all of the boxes filled?

一列に下に，横に，斜めにこんなふうに 5 つの丸ができたら，BINGO って言って
ね。

When you have five circles in a row, down, across, or diagonally like this, say BINGO.

すごろく

　すごろくは，日本の子どもたちがよく行うゲームですが，英語の授業でも行う
ことができます。以下は，すごろくでよく使う英語表現です。日本語を見て英語
がすぐに言えるようになるまで，何度も練習しましょう。

誰が最初？

Who goes first?

さいころを投げて。

Throw the dice.

いくつだった？

What number did you get?

スタートに戻って。

Go back to the start.

3 つ進んで。

Go ahead three spaces.

2 つ戻る。

Go back two spaces.

コマをここに置いて。

Put your marker here.

コマを2つ動かして。

Move your counter two spaces.

一回休み。

Miss a turn.

二回休み。

Miss two turns.

【モデル授業】

　　以下は世界地図のすごろくを行うときの英語表現です。何度も声に出して読み，すごろくのゲームの指示を英語で言えるようになりましょう。

We are going to play sugoroku.

（すごろくを行います。）

Which country does this flag belong to?

（この国旗はどこの国のものですか？）

―　Kankoku

（韓国）

Yes, this flag belongs to Korea.

（そうですね。これは韓国の国旗です。）

Here are markers.

（これはコマです。）

Everyone will get one marker.

（一人一つもってください。）

Put your marker on Start.

（コマをスタートに置きます。）

This is a dice.

（これはサイコロです。）

Please give one die to each group.

（それぞれのグループに一つのサイコロです。）

The number on top shows how many spaces to move.

（上の数字だけコマを動かします。）

You have to say the name of the country which the flag belong to.

（どこの国の国旗かを言わなければなりません。）

Let's start.

（はじめましょう。）

Throw the die.

（サイコロを投げて。）

What number did you get?

（いくつだった？）

— Four.

（4）

Yuko, you can move your maker four spaces.

（優子，コマを 4 つ動かすことができます。）

【やってみよう】

　上記のゲームに関する表現を参考にして，小学校英語活動で行いたいゲームを一つ選び，【モデル授業】を参考にして，英語で指示を書いてみましょう。

_____

_____

_____

_____

_____

_____

_____

_____

_____

_____

_____

_____

_____

_____

_____

_____

_____

_____

_____

_____

_____

　ゲームの活動中には，児童をほめるチャンスがたくさんあります。Very good. Great. Good job. Well done などと，子どもたちのどんな小さな成果も見逃さずほめてあげるようにしましょう。また，You can do it.（できるよ）と励ますことも英語学習に対する子どもたちの意欲を高めます。

4.3. クイズ

　小学校英語活動では，クイズもよく行われます。以下のようにとても簡単な英語で行います。

(1)　How many legs does a spider have?

(2)　What goes baa?

(3)　What is the largest animal on land?

(4)　What is the tallest animal on land?

解答

(1) eight

(2) sheep

(3) elephant

(4) giraffe

【やってみよう】

英語でクイズを 3 つ作ってみましょう。

_____

_____

_____

_____

_____

　また，いくつかの英文を言って，何であるかをあてさせる Who am I?のようなクイズもよく行います。子どもたちに人気のあるスポーツ選手やタレントなどを問題にすることもできます。このようなクイズを作るときには，英英辞書や子ども用の英語の百科事典を参考にして作りますが，辞書などに記載されている英語をそのまま読んでも子どもたちは，理解できませんので，簡単な英語にする必要があります。

(1) I have a special pouch to carry my baby in.

　　I live in Australia.

　　I can jump.

　　Who am I?

(2) I carry my home with me.

　　I move slowly.

　　I am brown.

　　Who am I?　　カレイラ(2009, p.56)

解答

(1) kangaroo

(2) snail

【やってみよう】

上記を参考にして Who am I? の問題を 3 つ作ってみましょう。

_____

_____

_____

_____

_____

_____

_____

_____

_____

_____

_____

_____

_____

_____

_____

_____

_____

_____

_____

また，子どもたちにとって馴染みのあるスポーツや楽器に関するクイズも行えます。ドッチボールに関しては以下のようなものが考えられます。

> You throw a ball.
>
> You catch a ball.
>
> You hit someone with a ball.
>
> You dodge a ball.

シンバルの問題としては

> It is a musical instrument.
>
> It makes a loud sound.
>
> It has two metal plates.
>
> The plates are round.
>
> You hit the two plates together.

【やってみよう】

バレーボールに関するクイズを 4 文作ってみましょう

_____

_____

_____

_____

_____

_____

_____

解答例

You jump.

You toss a ball.

You hit a ball.

You receive a ball.

理解度テスト

 1．次の日本語を英語に直してください。

(1) 勝った人は次の人と対戦して。

_____

(2) 地上で最も背が高い動物は何ですか。

_____

(3) 同じカードを見つけてください。

_____

(4) 接戦だったね。

_____

(5) カードを表にして一列に並べて。

_____

引用文献

カレイラ松崎順子（2009）．子どもに英語を教えるための Classroom English　南雲
　　堂
デイビッド・ポール（2004）．子ども中心ではじめる英語レッスン　ピアソン・エ
　　デュケーション

第5章　小学校英語活動における ICT

　本章では小学校英語活動において Information and Communication Technology（ICT）がどのような役割を果たすのかを解説します。現在，小学校英語活動において大きな課題となっているのは，地域・学校間において教育内容・指導者などにおいて，かなりのばらつきがあるということです。そうした問題を解決するために，ICT を活用することにより，同じモデルの提示が可能になり，ICT の活用は小学校英語教育の平準化に大きな役割を果たします。つまり，小学校英語活動において ICT は不可欠なものであると言えるでしょう。電子黒板など，最新の技術を取り入れた試みが小学校英語活動で行われていますが，本書では誰でもアクセスできるインターネットに焦点をしぼり，どのように小学校英語活動にインターネットを活用していくかについて学習します。

　本章の学習達成目標は以下の3点になります。

5.1. 小学校英語教育における ICT の役割を理解する。

5.2. NHK 教育テレビジョンの一つである高学年を対象にした「スーパーえいごリアン」のホームページを小学校英語活動にどのように活用していくことができるかを学習する。

5.3. 小学校英語活動での Google の活用例などを学び，実際にイメージ検索や Google Earth を体験し，これらを小学校英語活動でどのように活用することができるかを考え，各自が授業案を作成できるようになる。また，Google を使用して授業に必要な英文を作れるようになる。

5.1. 小学校英語活動における ICT の役割

　小学校への英語活動の導入にあたり最も大きな課題となるのは，日本全国どこでも同じ条件で教育ができるかということです（岡・金森, 2007）。Assistant language teacher（ALT）や英語専門教員の確保などは市町村間で，地域差が見られますが，Information and Communication Technology（ICT）を活用することにより，同じモデルの提示が可能になり，ICT の活用は小学校英語活動の平準化に大きな役割を果たすものと思われます（岡・金森,2007）。ICT とは情報コミュニケーション技術，情報通信技術のことで,教育場面においては，電子教材を活用した授業の実践やコンピュータによる情報管理などを意味します（文部科学省，n.d.）。教育課程部会外国語専門部会（文部科学省，2006）では ICT の利点を以下のように記しています。

・　各教室において，標準的でかつ質の高いネイティブスピーカーの発音に触れさせることができる。

・　魅力的なキャラクターの設定や現実の海外での生活の様子などの画像との組み合わせにより学習意欲や効果を高めることが期待できる。

・　子どもの実態に応じて反復して教えることができるので，聞く力を高める上で必要な徹底した繰り返し学習が可能である。

　さらに，今後の方向性を以下のように報告し，小学校英語活動における ICT 活用の重要性を強調しています。

・　児童の音声面での学習を支援するとともに，教員の授業の改善を図る観点から，導入段階では，国において，テキスト，教師用指導資料を作成するとともに，ICT も積極的に活用し，テキストに準拠した音声・画像の教材や教具（例えば CD，CD-ROM，DVD，電子教具など）を開発するなどの支援を行う必要がある。

　また，岡・金森（2007, pp. 146-147）は ICT 活用の意味として以下の 4 つをあげています。

(1)　外国語の音声を聞かせる。

(2)　異なる文化にふれさせる。

(3)　個別評価やコミュニケーションの疑似体験に生かす。

(4)　英語を発信する範囲と対象を広げる。

現在行われている小学校英語活動は音声を聞かせる活動を中心に行っていますが，音声においては，ある時期になると習得するのが難しくなるという臨界期があるといわれており（Scovel, 1988），そのため，児童には極力英語母語話者の話す英語を多くインプットする必要があります。ゆえに，英語が専門でない小学校教員が英語を教える場合，ICT は教員の英語力の不足を補ってくれるものであり，小学校英語活動の平準化に大きな役割を果たすものです。特に，インターネット上には小学校英語活動に役立つ多くの Web ページがあり，小学校ですべての児童に教材を購入させたり，学校で高価な教材を購入することが難しい場合，このような Web ページを利用することにより，児童はあきることなく，英語に親しむことができます。

　以下では，小学校の英語活動でどのように ICT を活用することができるのか，特に NHK の英語教育番組と Google を例として取り上げ，説明していきます。

5. 2. NHK の英語教育番組

　NHK は小学生や児童用の英語教育番組を放映していますが，NHK for School （http://www.nhk.or.jp/school/）では，過去の番組を視聴し，それに付随したゲームなどを行えるようになっています。たとえば，『スーパーえいごリアン』（http://www.nhk.or.jp/eigo/eigorian/）は，2002 年～2008 年に放映された NHK 教育テレビジョンの小学校高学年のための英語学習番組で，英語母語話者であるサイモンが英語のあまり得意でない 3 人の小学生に毎回新しいことを英語で体験させていきます。著者は『スーパーえいごリアン』を小学生の英語の授業でよく使用しましたが，小学校高学年の知的好奇心を適度に刺激し，また彼らが楽しく活動できる内容の番組に製作されており，番組を見ている子どもたちは，登場する同年代の 3 人の子どもたちと共に様々なことを擬似体験できるため，夢中になって番組を見ていました。

　『スーパーえいごリアン』企画委員小泉清裕（昭和女子大学付属昭和小学校）は，「出演者を選ぶ際に最も英語ができない子どもたちを選びました」(私信, 2005 年 6 月 20 日)と述べており，上手に英語を話せるモデルを見せたいというよりも，視聴している子どもたちに自分たちのほうができるという自信や親近感を持たせた

いという狙いがあるようです。英語が言語の一つであり，コミュニケーションの道具である以上，授業の中でもコミュニケーションを意識した交流活動を取り入れたいものです。番組の中で，出演する子どもたちが，それほど流暢とは言えない英語力で一生懸命に相手の言っていることを理解しようとし，また，何とかして気持ちを伝えようとしています。番組を視聴している子どもたちは，そうしたやりとりを見て，「外国人にこんなふうに接すればいいのだ」「自分でもできるかもしれない」「英語は簡単だな」と感じるようになります。

『スーパーえいごリアン』は Content-Based Instruction (CBI) や Task-Based Instruction(TBI)に基づいて作成されています(カレイラ, 2007d)。CBI は内容を教えることに重点を置いた教授法であり，言語習得は理解可能なインプットを多く受けることによって最も効果的に学習が進められるという Krashen のインプット仮説に基づいています（塩川, 1995）。一方，TBI は与えられたタスクを解決する時に起こる言語使用が言語発達を促すという考え方に基づいています（Wesche & Skehan, 2002）。CBI に基づいて作成されている番組としては電話の歴史を学びながら英語を学んでいく「物の歴史をたどろう」や大人の職場でどのような仕事をしているかを観察する「大人の仕事」などがあります。TBI に基づいて作成されている番組にはポップコーンを作る過程で英語を学んでいく「ポップコーンをつくろう」やコマ撮り撮影の手法でアニメーションを作成する「世界で1本のアニメーション」などがあげられます。

また，サイモンは番組に出演している子どもたちに日本語を使用せず英語だけで話しかけ理解させるために様々な工夫を行っています。表1はサイモンが話す英語の特徴です（カレイラ, 2007d, pp.63-64）。

表1　サイモンが話す英語の特徴　(カレイラ, 2007d, pp.63-64 より引用)

	例
ゆっくり話す。	「シャボン玉の達人になろう」の番組のうちサイモンが話す部分を 10 箇所取り出しワード数と時間を計算した。その結果 1 分間に平均約 100 語前後であった。通常は英語母語話者が英語を話す速度は通常約 200wpm と言われているため，かなりゆっくりと話していることがわかる。
子どもたちに英語を理解させるために，ジェスチャーを多く使用している。	「フラダンスを踊ろう」において Yeah, it's a bit hot today. と言う時に，汗をぬぐう真似をして「暑い」ということをジェスチャーで示している。
身近な例を英語で示すことによって単語の意味を理解させている。	「ロシアのふるさとの味」においてボルシチがロシアで人気のある食べ物であることを英語で説明するとき *popular* の意味を子どもたちが理解できなかったため，サイモンは "Like in Japan, sushi is very popular"と日本で同じように人気のある寿司の例を出している。
動作をしながらまたはさせながらターゲットになる英語を何度も繰り返す。	「シャボン玉の達人になろう」では番組全体で slide を 7 回, lift up を 10 回， put を 9 回使っている。最初に自分で手本を見せながらターゲットになる表現を使い，その後子どもたち一人一人にやらせるときにも同じ表現を何度も繰り返し使っている。
番組の中でなるべく一貫して同じ表現・単語を使用している。	ほめ方にはいろいろあると思われるが，主に以下の 3 つの表現を繰り返し使っている。「フライングディスクに挑戦」では good を 52 回,very good を 8 回，good work を 6 回使用している。
子どもたちが英語を間違えたり，日本語を使ってもそれを否定したり，もう一度言わせたりしないで，サイモンがその場で正しい英語を示すのみである。	子どもたちが「はっぱ」と答えているが，その回答として「That's grass.」 と正しい英語を示している。
英語を話すとき，実物を指し示す。	地球から月まではどれくらいの距離があるかを質問するときに，地面と月を指し示しながら How many kilometers is it from the earth to the moon？と話している。

表1からも明らかなように『スーパーえいごリアン』は，どのようにしたら子どもたちに日本語を使わずに英語のみで理解させることができるのかを示してくれます。子どもたちが英語を理解できないとき，多少日本語のできるALTが日本語で説明しているのをしばしば見かけますが，『スーパーえいごリアン』の中のサイモンのように様々な工夫を行えば，英語だけで理解させることは可能です。前出の小泉は「小学生には小学生向きの話し方があり，幼稚園の子にはそれにふさわしい速度や表現があることを，サイモンに納得させながら撮影をしました」（私信，2005年6月20日）と語っているように，たとえ英語母語話者であっても，英語がよく分からない子どもたちへの話しかけ方を学ぶ必要があり，簡単な語彙や構文を使う必要があります。ゆえに，話しかけ方・ジェスチャー・説明の仕方・語や構文の選択など，英語の得意な教員であっても『スーパーえいごリアン』より多くのことを学べます。一方，英語があまり得意でない教員は『スーパーえいごリアン』から多くの英語表現を学ぶことができると思います。何度も番組を視聴し，必要な表現を覚えて英語力を向上させましょう。次に『スーパーえいごリアン』のホームページの具体的な活用例を紹介します。

【やってみよう】

『スーパーえいごリアン』のホームページ上の番組を一つ視聴し，表1に示したサイモンが話す英語の特徴を確認しましょう。

5.2.1.番組の活用

『スーパーえいごリアン』のホームページ上ですべての番組を視聴することができますので，放送時間にあわせて授業を行ったり，番組のビデオやDVDを買い揃えたりする必要もなく，見せたい番組を授業で使用することができます。また，パソコン上でクリックするだけでいろいろな番組を見ることができますので，ビデオやDVDよりも授業前の準備が簡単です。

著者は以前，ある大学の「児童英語教師養成講座」で学生が好きな番組を一つ選び，ホームページ（以前はホームページ上に授業案や番組のスクリプトなど様々な番組のリソースが掲載されていた）を参考にしながら，授業案を作成し，模擬授業を行う授業を行いました。表2はその時学生が作成した授業案の一つです。

学生は「ウォールペインティング」と「シャボン玉の達人になろう」を参考にして「スライムを作ろう」という授業案を作成しました。

表2　スライムを作ろう　(カレイラ, 2007e, p.76 より引用)

時間	活動内容と注意事項	教師の主な英語表現	児童
2分	全体で挨拶	Stand up, please.　Good morning. How are you? OK. Sit down please.	Good morning. Fine ,
5分	色を学習 絵や色紙で子どもたちに教える スライムを作るためにグループを作る。	Look at this picture. How many colors are there? What color is this? Yes, it is yellow. Good job! Make a group of 4 or 5.	One ,two ,three. Yellow.
33分	子どもたちが見やすい位置に移動させる。 教師が途中までやってみせる。 時々子どもたちに質問したりする。 子どもたちに自分がやったところまでをやらせる。 できたら続きをさせる。 できたら遊んでみる	Let's make slime. First, we need 75 ml of water. Put water into the bottle. Second, put your favorite color in. What color do you like? Good! And stair it!　OK? Are you finished? Next…this is P.V.A. laundry starch. We need 50 ml of P.V.A. laundry starch. Put P.V.A. laundry starch into the tray. OK? Put the water and PVA in a big bottle. Stir it with a stick. This is borax.　Put in borax little by little. And stair it! It's ready. Let's play with slim.	Water Blue./red/　yellow/ purple/ green… P.V.A.laundry starch OK. Borax.

5.2.2.ゲームの活用

　また，「スーパーえいごリアン」をはじめとして，NHK for School には番組の内容にそったゲームが用意されています。たとえば，「スーパーえいごリアン」の「キャンプの買い物」では，サイモンとカメラマンがヒマラヤに行くために必要なものを買いに行く設定になっており，必要なキャンプ用品をかごに入れるたびに，以下のような英語が何度も流れるようになっています。ただ，聞くだけではなく，子どもたちが間違ったものを選んでクリックすれば，それに応じた英語が流れ，もう一度繰り返すようになっています。

> What else do we need?
>
> We need a rice cooker.
>
> Do you have any rice cookers?
>
> Yes, which one would you like?
>
> This one is nice.
>
> Ok, I'll take it.

コンピュータ室がある小学校も多いと思いますので，これらのゲームを英語の授業で行うことができます。大人でも楽しみながらできるゲームですので，ぜひ一度試してみてください。

【やってみよう】

　『スーパーえいごリアン』のホームページ上から番組を一つ選び，ゲームを体験しましょう。

5.3. Google の活用法

　Google〈http://www.google.co.jp〉は検索エンジンと呼ばれるもので，情報を検索する際に使用するものです。この Google には様々な機能があり，これらを小学校の英語活動で活用することができます。

5.3.1. Google のイメージ検索

　岡・金森(2007，p.67)は小学校で英語を教える教員の資質として「子どもの実態や興味があるものを知っており，教材を選択し，また開発することができるこ

と」をあげていますが，教材を選択し，必要に応じて教材を作成できるようになることは，小学校英語活動に携わる教員として必要なことです。

　絵を見せながら英語を聞かせることで，日本語で説明しなくても，音声と概念が頭の中で結びつきやすくなるため（岡・金森，2007），小学校の英語活動においてフラッシュカードなどの絵が多く必要になります。このようなフラッシュカードは市販されていますが，かなり高価で，すべての語彙がカバーされているわけではないため，必要に応じて作成しなければならりません。絵を描くことがあまり得意でない教員にとっては，フラッシュカードを作成するのは大変なことですが，Google のイメージ検索を利用することにより，無料で様々な実物や絵を提示することができます(カレイラ，2008a)。Google のイメージ検索とは，インターネット上に公開されているイメージ・画像・写真・絵などを検索するものです(カレイラ，2008a)。

　Google の左上にある「画像」という部分をクリックして見ましょう。イメージ検索になりますので，検索したい語，たとえば，stag beetle を入力し，「イメージ検索」をクリックします。すると多くのクワガタの画像が出てきました。その中から見せたい画像を選んでクリックします。上のほうに「イメージを最大化」というメッセージとともにその画像が表示されますので，その「イメージを最大化」をクリックすると大きく表示されます。これをフラッシュカードのように利用することができます。たとえば，子どもたちがある英語の語彙を理解できないとき，イメージ検索を利用すると，その場で必要な画像を見せることができます。そのことにより，日本語を使わずに英語の語彙を理解させることができます。また，squirrel(リス）と chipmunk(シマリス)がどのように異なるのかを教えたいときなど，言葉による説明だけでは分かりにくい場合も，イメージ検索を使ってその違いを見せてあげることができます。ただし，関係のない画像も表示され，また，子どもたちには見せない方がいい画像も表示されることもあり，注意が必要です(カレイラ，2008a)。

【やってみよう】

　Google のイメージ検索を実際に使って，turtle と tortoise の違いを確認しましょう。

5.3.2. Google Earth

Google Earth は衛星航空写真や地図や 3D モデルなどを組み合わせたもので，世界中の地理空間情報を見ることができます。＜http://earth.google.com/intl/ja/＞においてファイルをダウンロードでき，ある地形や建物を 3D で表示することもできます。以前 Google Earth を小学校の授業で使用したことがありますが，学習している場面がイギリスであったため，Google Earth でイギリスの有名な場所をいろいろ見せました。時には車やマンホールなども見え，子どもたちは大喜びでした。また，小学校での国際理解教育などでも Google Earth を活用することができます。学習している様々な国の様子を Google Earth で見せることにより，子どもたちにより強いインパクトを与えることができ，世界に対する子どもたちの興味を高めることができます。また，内容重視の授業（content-based instruction）すなわち英語で理科や社会の内容を教える際にも Google Earth を活用できます。その他，テレビ会議システムなどを利用して，海外の小学校とお互いの国を Google Earth を見せながら紹介するプロジェクトなども行うことができます(カレイラ，2008b)。

さらに，Google for Educators＜http://www.google.com/educators/index.html＞には Google Earth のような Google 関係のツールを利用した授業が紹介されています。アメリカの幼稚園から高校の教師を対象にしたサイトですが，Google 関係のツールを授業でどのように使用するかのヒントも書かれていますので，参考にして下さい。

【やってみよう】

Google Earth をダウンロードしましょう。ダウンロードの仕方は Google Earth のホームページを参照してください。

(1) 自分の家を探して見ましょう。

(2) 自分の行きたい国・場所を見てみましょう。

(3) Google Earth を授業でどのように活用できるかを考えてみましょう。

5.3.3. Google を使用した英文作成

　英語を実際に子どもたちに教えるようになると，「このような表現は英語でどのようにいうのだろう」と教えれば教えるほどいろいろな疑問がわいてくるものです。どのようにしたら知りたい英語表現を見つけることができるでしょうか。Google は主に情報検索の際に使用するものですが，英語表現を調べる際にも役立ちます。インターネット上には，英語で書かれた Web ページがたくさんありますので，検索エンジンをうまく活用すれば，インターネット上の英文を手本として利用し，自然な英語表現を知ることができます。英語を教えていると，特に難しい表現ではないけれども，どのような英語で表現したらいいのか，あるいは冠詞がつくのかつかないのか，複数形か単数形かなどに迷うときがあります。そのようなとき，Google をうまく活用することにより，かなり解決されます。以下では英語を教えるようになった際に，役立ついくつかの検索方法を紹介します。

(1)　フレーズ検索

　「フレーズ検索」とは検索したいフレーズの前後を二重引用符（"　"）で囲む方法です。たとえば「ペアでおこなう」が，work in pair か work in pairs のどちらであるか迷ったとします。そのような場合，Google で"work in pairs"または"work in pair"と入力して，それぞれを検索してみましょう。右上のほうにヒット件数が表示されます。work in pairs では 563,000 件もヒットしたのに対し，work in pair ではわずか 522 件でした。この結果から，圧倒的に多い work in pairs のほうが正解である，という予測が立てられます。ただし，ここで示したヒット数はどんどん変わっていきます(カレイラ, 2007a)。

　注意するのは，前後を二重引用符で囲むことです。そうしないで work in pairs で検索すると，work, in, pairs のどれかが 1 回以上使われているページが全てヒットしてしまいます。前後を二重引用符で囲むことを，忘れないようにしましょう。

(2)　ワイルドカード検索

　ある表現が正しいかどうか，または 2 つの表現のうちどちらが正しいかを調べる手段として，フレーズ検索は便利です。しかし，どのような単語が入るのか検討がつかない場合には，フレーズ検索を行うことは出来ません。このようにどの

ような英語表現にしたらいいかわからないときに，ワイルドカード検索が便利です。

　ワイルドカードとは任意の文字を意味し，あらゆる文字を表すことができます。Google では半角のアスタリスク（*）がワイルドカードになります。このようにアスタリスクを加えることにより調べたい表現の幅を広げることができます。アスタリスク一つで，任意の 1 単語を表し，アスタリスクを 2 つ付けると 2 単語を表します。ワイルドカード検索でも，フレーズ検索の時と同様，検索するフレーズの前後に「" "」をつけるのを忘れないようにしましょう。

　例をあげて説明します。たとえば授業で「円になって座って」といいたいとき，sit と circle を使うだろうということはだいたい予測できますが，あとはどのような単語を使ったらいいのかまったく検討がつかないとします。そのようなときは，とりあえず sit と circle の間にいくかのアスタリスクをつけて調べて見ます。"sit *circle" 11,600 件　"sit **circle"　218,000 件, "sit ***circle" は 66,900 件という結果になりました。一番多い"sit**circle"を詳しく見て見ましょう。いろいろな表現がありますが，Sit in a circle という表現が圧倒的に多いようです。このようなことから，Sit in a circle が正しい表現であろうと予測できます。フレーズ検索で，"Sit in a circle"を確認してみると Google で 191,000 件のヒット数がありましたら，「円になって座って」というのは Sit in a circle で間違いなさそうです(カレイラ, 2007b)。このように自分のいいたい英語表現をフレーズ検索とワイルドカード検索を駆使してどうにか探しだすことができます。

(3)　サイト指定

　Google には英語母語話者でない人が書いた英文が多いため，間違っている表現もかなりあります。そのため，間違った表現であるかどうかを見抜くコツというものが必要になります。最も簡単な見分け方は国別ドメイン名をチェックすることです。国別ドメイン名とは，たとえば東京未来大学のホームページ〈http://www.tokyomirai.ac.jp/〉の場合，最後の「.jp」という部分にあたり，日本のサイトであることを示しています。国別ドメイン名は〈http://www4.plala.or.jp/nomrax/TLD/〉で調べることができます。

　ある英語表現をフレーズ検索したとき，ヒットしたサイトが英語を母語とする

国アメリカ「.us」イギリス「.uk」カナダ「.ca」オーストラリア「.au」などのドメインが多い場合，その表現はかなり信頼できると思います。ところが，非英語母語国のドメイン（日本「.jp」 中国「.cn」など）が多い場合はその表現を使うのは避けたほうがいいと思われます。たとえば，"I went to there "とフレーズ検索してみますと 34,800 件のヒット数がありました。ヒット数だけを見るとこの表現が正しいように思えますが，〈www.geocities.jp〉などの「.jp」のものが多く，日本のサイトが多いようです。こういったサイトばかり出てきたら，その表現を使うのは避けたほうが賢明です。このように Google の検索結果をそのまま鵜呑みにすることは危険なときがあります。そこではじめからイギリスやアメリカのサイトだけに絞って検索するとかなり信頼性は高くなります。つまりサイト指定というのは国別ドメインを指定して検索する方法です。検索したい表現の後に，site:と半角で入力し国別ドメインを入力します。たとえば，日本のサイトに限定したいなら site:jp となります。コロンの後ろには空白を入れないように注意してください。

　たとえば，「私は犬が好きです」と英訳した場合，通常は I like dogs.と複数形にしますが，非英語母語話者の中には I like a dog.と書く人が多いと思われます。実際に，Google で"I like a dog "を検索してみると，約 516,000 件もヒットしました。次に，サイト指定をして調べて見ます。イギリスのサイトに限定すると"I like a dog"site:uk では 6 件，アメリカのサイトに限定すると"I like a dog"site:us はヒット数 2 件でした。一方，日本のサイトに限定にして調べてみると，"I like a dog"site:jp は 612 件でした。これらのことから，英語母語話者は I like a dog.という表現をほとんど使っていないことがわかります(カレイラ，2007c)。

　その他，イギリス英語では fancy という単語をよく使いますが，たとえば," Fancy meeting you here "(こんなところでお会いするなんて)をイギリスのサイトに限定して検索してみます。すると"Fancy meeting you here"site:uk は 2,240 件のヒット数ですが，アメリカのサイトに限定して検索すると"Fancy meeting you here"site:us は 258 件とかなり減ります。このようなことから，Fancy meeting you here.はイギリスで主に使われていることがわかります。このようにサイト指定を使用することによっていろいろなことを調べることができます(カレイラ，2007c)。

【やってみよう】

　上記を参考にして実際に Goolge で調べてみましょう。(　　　) には Google で実際に調べた数字を書きましょう。 [　　　]には国名を書いてください。

(1)　[　　　　　　　　　　]のサイトに限定して検索する "Fancy meeting you here" site:uk（ヒット数は約　　　　　　　件）

(2)　[　　　　　　　　　　　　]のサイトに限定して検索する"Fancy meeting you here " site:us　（ヒット数は　　　　　　　　件）

(3)　上記の結果から Fancy meeting you here.は[　　　　　　　　　　]で主に使われていることがわかる。

解答

　ヒット数は常時変わりますので，自分で調べた件数を書き込んでください。

(1) の[　　] はドメインが uk ですのでイギリスになります。

(2) の[　　] はドメインが us ですのでアメリカになります。

(3) の[　　] はイギリスになります。

　ただし，Google はあくまでもどのような表現が多く使われているかという傾向を調べているだけであり，アメリカやイギリスで多く使われているからといって必ずしも正しい表現であるとはいえません。たとえば，故意に間違った表現をWeb 上にたくさん書き込めば，間違った表現のヒット数が多くなります。そのような欠点はありますが日本でも多くの翻訳者や英語を仕事としている人がこのGoogle を使っています。もっと詳しく知りたい人は安藤（2003, 2005, 2007）を参考にしてください。

　最後にまとめとして小学校英語活動において ICT を利用するメリットと注意点を述べます(カレイラ，2008a)。

(1)メリット

・　必要な教材を集めるのはかなりの費用がかかることですが，無料のサイトを利用すれば，お金をかけずにかなりの量のコンテンツを授業で活用することができます。そのため，フラッシュカードや絵本など重い教材を持ち運ぶ必要がなくなります。

- 使用するカードを確認したり，提示する順に並べかえたり，自作の絵カードを作ったり授業の前の準備にかなりの時間が取られますが，パソコンやインターネットの使い方をマスターすれば，授業前の準備が簡単になります。
- Google などの Web ページを使うことにより，授業で使いたい英語表現を調べることができます。

(2)注意点

- 上記のように上手に使いこなせばとても便利な ICT ですが，あくまでも機械ですので，故障することはありますし，停電になることもあります。そのような事態が起こったとき，いつでも代わりに行う活動を準備しておく必要があります。
- 授業の最中でもパソコンが止まってしまったり，映像がよく映らないこともあり，教師がパソコンの操作に手間取ることもあります。そのようなときのために自習用のプリントなどを用意しておく必要があります。

理解度テスト

　実際に Google を使って以下のことを調べてみましょう。

・　　以下の（　　　　）に Google で実際に調べた数字を書きましょう。なおヒット数は常時変わりますので，解答は記載しておりません。

・　　[　　　]には国名を書いてください。

・　　"　　　　　　　"にはあてはまる英文を入れてください。

1. "I went to there" と "I went there"のどちらが正しいかを調べてください。

　"I went to there"を入力し，ヒット数を調べる（ヒット数は約　　　　　　件）。サイト指定を行わないでこの結果だけを見ると"I went to there"が正しい表現のように見える。しかし，〈www.geocities.jp〉など「.jp」のものが多く，[　　　　　]のサイトが多い。

(1)　[　　　　　]のサイトに限定して"I went to there" site:us を検索する。
　　　（ヒット数は約　　　　　件）

(2)　[　　　　　]のサイトに限定して"I went there" site:us を検索する。
　　　（ヒット数が約　　　　　件）

(3)　上記の結果から，"　　　　　　　　　　"のほうが正しいことが推測できる。

2. I like dogs.と I like a dog.のどちらの表現が正しいかを調べてください。

"I like a dog"を入力し，ヒット数を調べる（約　　　　　件）。サイト指定を行わないでこの結果だけを見ると"I like a dog"が正しい表現のように見える。

(1)　[　　　　　　　]のサイトに限定して"I like a dog"site:uk を検索する。
　　　（ヒット数は約　　　　件）。

(2)　[　　　　　　]のサイトに限定して"I like a dog"site:us を検索する。
　　(ヒット数は約　　　　件)。

(3)　[　　　　　]のサイトに限定して"I like a dog"site:jp を検索する。
　　　（ヒット数は約　　　　　件）。

(4)　上記の結果から，英語母語話者は"　　　　　　　　"という表現をあまり使っていないことがわかる。

引用文献

安藤 進 (2003). 翻訳に役立つ Google 活用テクニック 丸善

安藤 進 (2004). Google に聞け!英語の疑問を瞬時に解決 丸善

安藤 進 (2007). ちょっと検索! 翻訳に役立つ Google 表現検索テクニック 丸善

カレイラ松崎順子 (2007a). 英語教師のための Google 活用術 第 1 回 子ども英 10 月号,74.

カレイラ松崎順子 (2007b). 英語教師のための Google 活用術 第 3 回 子ども英 語, 12 月号,70.

カレイラ松崎順子 (2007c). 英語教師のための Google 活用術 第 4 回 子ども英語, 1 月号,78.

カレイラ松崎順子 (2007d). 『スーパーえいごリアン』を使用した児童英語講師養 成講座における実践報告 *JASTEC Journal,26,*61-76.

カレイラ松崎順子 (2007e). 児童英語講師養成講座における事例報告－ICT 活用能 力の育成 敬愛大学国際研究, 18, 149-173.

カレイラ松崎順子 (2008a). 大勢の子どもの目を引きつける授業で使えるウェッ ブサイト こども英語, 9 月号, 18-19.

カレイラ松崎順子 (2008b). 英語教師のための Google 活用術 第 6 回 子ども英語 3 月号,74.

文部科学省 (2006b). 教育課程部会 外国語専門部会（第 14 回）議事録・配付資 料, 入手先 〈http://www.mext.go.jp/b_menu/shingi/chukyo/chukyo3/siryo/015/06032708/002/ 004.htm〉 (参照 2007-03-17).

文部科学省(n.d.). 用語解説, 入手先 〈http://www.mext.go.jp/b_menu/shingi/chukyo/chukyo0/toushin/06021401/006.ht m〉（参照 2007-03-17）.

岡秀夫・金森強 (2007).小学校英語教育の進め方 成美堂

Scovel, T. (1988). *A time to speak: A psycholinguistic inquiry into the critical period for human speech*. New York: Newbury House.

塩川春彦 (1995). Content-based approach 田崎清忠（編）現代英語教授法総覧 大 修館書店 pp.296-304.

Wesche, B. and Skehan, P. (2002). Communicative, task-based, content-based language instruction. In R. Kaplan (Ed.), *The Oxford handbook of applied linguistics* (pp. 207-228). New York: Oxford.

第6章　世界の早期言語教育

　世界ではさまざまな早期言語教育が行われています。本章では，日本の小学校英語活動が直面している課題を解決するヒントを得るため，特に，双方向バイリンガル教育および，日本と英語教育の条件や環境が近い韓国の小学校英語教育を概観していきます。

　はじめに，双方向バイリンガル教育について学んでいきます。双方向バイリンガル教育とは，母語が異なる同年代の子どもたちが共に彼らの母語である両言語で授業を受け，二つの言語を学んでいくアメリカで行われているバイリンガル教育です。日本の小学校英語活動は，授業以外でも自然で生きた言語学習が体験できる双方向バイリンガル教育から多くのことを学べると思います。

　つぎに，韓国の小学校の英語教育について学習します。韓国では1997年度より小学3年生から教科としての英語教育が始まりました。同じアジアであり，距離的にも言語的にも似通った韓国から日本は多くのことを学べると思います。

　本章の学習達成目標は以下の2点になります。

6.1. 双方向バイリンガル教育を理解し，双方向バイリンガル教育から日本の小学校英語活動はどのようなことが学べるかを考察する。

6.2. 先駆けて小学校において英語教育を行っている韓国の小学校英語教育を概観し，日本の小学校英語活動は韓国からどのようなことが学べるかを考察する。

6.1. 双方向バイリンガル教育

　双方向バイリンガル教育とは，英語母語話者と他の言語，多くの場合はスペイン語の母語話者が両言語で共に授業を受けるものであり（Howard, Sugarman, & Christian, 2003），英語を母語とする子どもたちにも，少数派言語を母語とする子どもたちにも有益なプログラムです。双方向バイリンガル教育は，アメリカで1960年代にマイアミのDade郡の公立小学校で始まりました（Lessow-Hurley, 2004）。アメリカでは多くのラテン系子どもたちの中退者数や学力不振が問題になっていますが（Howard et al., 2003），双方向バイリンガル教育では少数派言語の子どもたちが自分たちの母語と英語で様々な教科の学習を行うため，母語を維持しながら，英語や教科の学習も他のプログラムの子どもたちと同じくらいかまたはより高い実力を身につけることができると報告されています（Thomas & Collier, 2002）。

　双方向バイリンガル教育は，いろいろな名前で呼ばれており，bilingual immersion, two-way bilingual immersion, two-way immersion, two-way bilingual, Spanish immersion, developmental bilingual education（Lindholm-Leary, 2001）などがあります。アメリカのCenter for Applied Linguisticsでは双方向バイリンガル教育を次のような基準で定義し，このような基準に当てはまる学校を双方向バイリンガル教育が行われている学校とみなしています（Howard & Sugarman, 2001）。

(1)　少数派言語と多数派言語の児童が少なくともすべての学年で1日 50%以上一緒に授業を受けている。

(2)　すべての児童に少数派言語と多数派言語の両方で授業を行う。

(3)　少数派言語と多数派言語の児童数は均等になるようにし，それぞれの言語の児童数は全体の3分の1から3分の2を占めるようにする。

　また，双方向バイリンガル教育の目標には，次の四つがあげられています（Howard et al., 2003）。

(1)　少数派言語の児童は彼らのスペイン語などの母語を，多数派言語の児童つまり英語母語話者は英語を十分に発達させる。

(2)　すべての児童が第二言語を高いレベルに到達させる。双方向バイリンガル教育は少数派言語と多数派言語両方の児童が付加的バイリンガルとなることを目標とする。

(3)　少数派言語と多数派言語の児童の教科の達成度が学年レベルまたはそれ以
　　　上に到達することを目標とする。
(4)　双方向バイリンガル教育のすべての児童は異文化に対して肯定的な態度と
　　　行動をとる。

　Thomas & Collier (2002)は，双方向バイリンガル教育に参加しているスペイン
語母語話者の子どもたちが，他のタイプのバイリンガル教育に参加しているスペ
イン語母語話者の子どもたちよりも良い成績を収めていたと報告しています。さ
らに，Thomas & Collier は，双方向バイリンガル教育を受けている英語母語話者は
彼らの母語である英語を維持しながら，第二言語としてのスペイン語を習得し，
すべての教科において英語のみの学校に通っている同年代の子どもたちよりも同
等かそれ以上の成績を収めていたと報告しています。
　双方向バイリンガル教育においてスペイン語を使用する授業ではスペイン語母
語話者が英語母語話者を助け，英語を使用する授業では英語母語話者がスペイン
語母語話者を助けるようになります(Baker, 1996)。双方向バイリンガル教育は，少
数派言語の子どもたちにも英語母語話者の子どもたちにも有効なプログラムであ
り，英語に関していえば，英語母語話者はもちろん少数派言語話者もほとんど問
題のない程度まで習得でき，少数派言語においては，ある程度のばらつきはあり
ますが，少数派言語話者の子どもたちはかなりの程度まで自分たちの母語を習得
できると言われています。さらに，教科においても平均並みかそれ以上の成績を
とることができ，他のプログラムと比べて中退率も低くなっているなど，様々な
効果が見られます。スペイン語と英語の双方向バイリンガルが圧倒的に多いので
すが，日本語と英語の双方向バイリンガル教育を行っている学校もあります。聖
学院アトランタ国際学校（セインツ）は，1990年にアトランタに海外駐在日本人
の日本語教育のために創立され，2004年より日本語と英語の双方向バイリンガル
教育を始めました。以下はすべてセインツ(n.d.)のホームページから引用していま
す（http://www.seig.ac.jp/atlanta/）。教育方針として以下の5つがあげられています。
(1)　21世紀以降の人類の課題は，世界共同の形成です。セインツはその課題の
　　　達成のために，未来を担う子どもたちの教育をもって参加しようとしてい
　　　る学校です。

(2)　日本は東アジアにあってアメリカのもっとも信頼のおける同盟国です。その同盟の基礎は，自由や人権というデモクラシーの価値観の共有ということです。セインツはその基礎を教育によって与えようとしています。

(3)　日本の教育の優秀さは，東アジアで最も多くノーベル賞受賞者を出したことによって実証されています。2002年には2人も物理と化学の分野で受賞者がでました。しかし，その基礎を造ったのは幼児教育と初等教育です。

(4)　セインツは，その種がアメリカに蒔かれ，アメリカで育った学校です。バイリンガルの教育を行っています。もし日本人がもっと英語によって発表や交流ができれば，もっと大きな国際的貢献が出来るようになります。バイリンガル教育によって日本のよいものとアメリカのよいものとを結びつけることができる国際人を育てます。

(5)　セインツは，これから発展していく東洋のことばの一つとして日本語を覚えさせたいアメリカ人家庭の子どもたちを迎えています。今後もそのような子どもたちを受け入れて，幼いころからの平和で幸福な世界共同体づくりの基礎を造ろうとしています。

　英語と日本語の双方向バイリンガル教育が実現すれば，日本の小学校英語活動に大きな貢献をすることは間違いないでしょう。日本人や外国人教師から週に数回の授業を受けるような現状の小学校英語活動では，なかなか生きた英語を身に付けさせることは難しいと思われます。双方向バイリンガル教育のように同年代の子どもたちとの交流が毎日行われることは，異文化理解・国際交流といった点で意義のあることであり，外国語教育として理想的なものです。また，教室内だけの観念的な言語学習ではなく，すぐそばに毎日交流できる目標言語の同年代の子どもたちがいることにより，自然で生きた言語学習を行うことができます。つまり，異なる母語の子どもたちが互いに助けあいながら授業を受けたり，学校の中で交流したりすることにより，学習が学校生活の中あらゆるところで起こることが予想できます。日本においても，双方向バイリンガル教育を行うことができるのなら理想の英語教育を日本の子どもたちに提供することができます。たとえ双方向バイリンガル教育をそのまま取り入れることができないにしても，日本の小学校英語活動は双方向バイリンガル教育から多くのことを学ぶことができます

（カレイラ，2008）。

たとえば，セインツでは教師が子どもたちに話しかける際に以下の 3 点に留意して指導を行っています（大木, 2006, p.30）。

- 児童がお互いの学習に関与して助けあうという方針のもと，課題に取り組む際に，話し合いをしたり，お互いに書いたものを校正しあったり，テストを提出する際に他の児童の書いた答えを青ペンで見直したりするなど，自分だけが正しい答えを得るのではなく，正しい答えにみんなが到達するように協力する。
- りんごを示すときにはおもちゃのりんごではなくなるべく本物を見せる。
- 全身・五感を使って学習する。

これらのことは，日本の小学校英語活動においても適用できます。

また，大木（2006）は日本の小学校英語活動で実践できることとして以下のようなことを提案しています（大木, 2006, p. 37）。

- ゲストをよぶ。
- いつもの授業と場所を変える。
- 帰国児童を積極的に受け入れ，海外から持ち帰ったものを披露し，体験を聞き，分かち合ってもらう。英語で理科などをする場合にはリーダーとなってもらう。
- インターナショナルスクールとの交流の時間を設ける。
- 英語で礼拝をしている教会を訪問する。
- さりげなく無理なく，すこしずつ理科を取り入れていく
- 日本語で学習した後，磁石のはたらきを英語でとりあげる。
- 英語を使いながら，動物・植物を育て，観察する。
- 幼稚部で，果物を持ってきて，切って食べて，一緒に種を探し，種をポスターに貼る。

双方向バイリンガル教育は，アメリカで移民の言語教育対策として始まりましたが，英語母語話者にもメリットがあるということを示すことにより，あまり非難を受けることもなく理想のバイリンガル教育としてアメリカで発展してきまし

た。異なる母語の子どもたちが共に意味のあるコンテクストの中で，二つの言語を学んでいく双方向バイリンガル教育は環境や条件が許せば，言語教育としてイマージョン教育以上に理想的なものです。母語が異なる同年代の子どもたち同士が共に彼らの母語である両言語で授業を受け，授業以外でも自然で生きた言語学習が体験できる双方向バイリンガル教育から日本も多くのことを学べるのではないでしょうか（カレイラ，2008）。

6.2. 韓国の小学校英語教育

日本と韓国は EFL(EnglishasaIForeignLanguage:外国語としての英語教育)の環境にあり「アジアの非英語圏」という，「外国語学習環境」という点で，似通った環境にあります。ゆえに，韓国の小学校英語教育の情勢は，今後の日本の小学校英語活動を考えるうえで大いに参考になるといえるでしょう。1972 年，一部の指定学校で特別活動時間として開始された英語教育は，1981 年から小学 4 年生以上を対象に「約 15 分」の「特別活動」の枠組みで開始されました(金,2007)。15 年間の準備期間を経て，1997 年 3 月から英語が教科として小学 3 年生から段階的に導入され，2000 年度には小学 6 年生までの全 4 学年が英語の授業を受けています。小学校における英語必修化の背景には，80 年代後半から 90 年代初頭における民主化とそれに伴う韓国経済の急速なグローバル化が挙げられます。必修化当初にはその賛否両論をめぐり，「母語への悪影響」「教材未整備」「アイデンティティ獲得の障害」「初等英語教員の不足」(金, 2007)など白熱した議論が展開されました。興味深いのは，その反対意見の多くが日本で現在繰り広げられている議論と似通っている点です(バトラー，2005)。英語必修教科化を実施するに当たり浮上した「現場教員の反発」や相反する「保護者の過剰な期待」の構図も，現在必修化に向けて動き出している日本での動きと酷似しています(杉山, 2008)。日本と同様に，中学校では「聞く・話す」「読む・書く」の 4 技能に等しく重点を置くのに対し，小学校では「聞く・話す」を主，「読み・書き」を従とするカリキュラムを基本としています。

2008 年度には新教育課程(日本の学習指導要領に相当)である第 8 次教育課程に移行し,小学 1 年生からの英語教育導入や,小学 3 年生からの文字指導を開始し(現行教育課程では小学 5 年生から)，仁川市，釜山市等英語教育特区においてイマー

ジョン教育を開始しました(杉山，2006)。

　韓国の小学校では，英語教育が導入された当初は，クラス担任が担当していましたが，現在では英語がより得意な教員が他クラスの授業も担当したり，英語専科教員が担当したりする方向にあります（樋口,2005）。ALT に過剰に頼らず自国の教員が担当することを目指しているため，韓国の教師養成・研修制度は充実しています(樋口, 2005)。

　具体的には，全国の教育大学と教員研修センター(教育委員会)が韓国政府の委託を受けて「基礎(一般)研修」(120 時間)と「一級正教師資格研修」(160 時間)を毎年実施しています（八田，2007）。研修は原則として各地方自治体単位で開かれますが，必要経費は交通費に至るまで全て国家から支給されます。全国全ての小学校教員に受講資格があり，夏季休業中の 3 週間，日曜日を除く毎日実施されます。「基礎(一般)研修」の主な内容は，①毎日 2 時間，計 40 時間の英会話練習，②実践的教授法訓練(教材・教具の使い方，教室英語，授業の進行法等)，③指導案作成と模擬授業，④リスニングテスト(研修最終日)，⑤IT 講習です。大井・笹島(2004)は「日本の現状ではこのような評価はおそらく歓迎されないであろう」(大井・笹島, 2004, p.41)としながらも，韓国の教員研修制度に一定の評価をしています。

　このように韓国の小学校の英語教育は，英語の意思疎通能力の育成を目的とする小・中・高一貫の教育課程の確立，国定教科書や教材の開発，充実した教員養成，研修制度など，周到な準備のもとに導入され，それら堅固な土台に支えられて進められてきました(樋口, 2005)。

　教材に関しては，韓国では CD-ROM など副教材も完備され，英語専科教員もしくは担任の単独指導が可能な状況が準備されています(杉山, 2008)。指導方法は，遊びを中心にした体験的な学習が推奨され，チャンツや歌，ゲーム，ロールプレイなど活動中心の授業を目指しています。また，マルチメディアのような，多様で興味を引く教育媒体の適切な活用が推奨されています（杉山, 2008）。小学 3 年生から小学 6 年生向けの英語の教科書は，カラフルな装丁で，歌やゲームなどの音声タスクを中心に構成され，子どもたちに身近な学校や家庭における場面や登場人物として韓国人が多く登場する等，子どもたちを飽きさせずに，英語の 4 技能が学年を通して段階的に習得できるよう構成されています（杉山, 2008）。

　また，韓国はデジタル教科書などの ICT の教育分野への導入は世界一進んでい

るといわれており，英語の教科書のデジタル教材，すなわちe教科書がKERIS（韓国教育学術情報院）のホームページ上からダウンロードし，使用できるようになっています。カレイラ・執行（2013）によれば，韓国の小学生用の英語の教科書に付随したデジタル教材は「かわいいアニメの動画が多く収録されており，児童が楽しみながら英語をインプットすることができ」(p. 96)，「操作方法がわかりやすく，そのまま提示されている通りに順を追っていけば授業を行えるようになって」(p. 96) いると述べています。さらに，カレイラ・執行・宮城（2016）は，韓国の小学生対象の英語の教科書に付随したデジタル教材は日本の『Hi, friends!1』のデジタル教材と比較して，楽しみながら児童がアウトプットできるような機会がより多く与えられており，英語を身につける数々の練習や活動が多く提供されていると報告しています。日本においても，児童が楽しく学習でき，彼らの学習をサポートするデジタル教材を早急に作成すべきでしょう。

【コラム】

　日本ではNHK教育テレビジョンで小学生用の英語番組が製作されていますが，韓国においては2007年4月に，EBS（Korea Educational Broadcasting System 韓国教育放送公社）が英語番組専門チャンネルを開始し，小学校における活用を進めています。英語番組専門チャンネルは，幼児から成人・一般向け番組まで1週間に約53時間の放送を行っており，そのほぼ半分を，小学生向けの英語学習番組が占めています。また，番組と連動したWEBサイトでは，小学生がひとりで学習できるように，番組を視聴できるVODサービスとともに，単語や内容に関するレベルテストを提供しています(渡辺, 2008)。日本においても，今後小学生用の英語教育番組の制作に，より一層力を入れていく必要があるでしょう。

理解度テスト

1．以下の文が正しければ（　）に○を入れ，間違っている場合は×を入れてください。

(1)（　）双方向バイリンガル教育とは，2つの母語話者が共に両言語で授業を受けるものです。

(2)（　）双方向バイリンガル教育は，アメリカではじまりました。

(3)（　）韓国では小学1年生から文字指導を行っています。

(4)（　）韓国の小学校の英語の授業では，日本と同様に，聞く・話すことに重点が置かれています。

参考文献

Baker, C. (1996). *Foundations of bilingual education and bilingualism* (2nd ed.). Levedon: Multilingual Matters.

バトラー後藤裕子 (2005). 日本の小学校英語を考えるアジアの視点からの検証と提言　三省堂

カレイラ松崎順子 (2008). 双方向バイリンガル教育－日本の初等英語教育での実現可能性と示唆－　国際教育評論, 5, 63-76.

カレイラ松崎順子・執行智子 (2013). 韓国の小学3年生の英語の教科書に付随したデジタル教材『ELEMENTARY SCHOOL ENGLISH3 e-教科書』の分析□『Hi, friends!1』との比較□ CEIC 研究会論文誌第4号, 90-96.

カレイラ松崎順子・執行智子・宮城まなみ (2016). 韓国と日本の小学生対象の英語の教科書に付随するデジタル教材の比較　JES Journal16, 68-83.

樋口忠彦 (2005). 諸外国における小学校外国語教育　樋口忠彦(編) これからの小学校英語教育―理論と実践－　研究社　pp. 1-33.

Howard, E. R., & Sugarman, J. (2001). Two-way immersion program: features and statistics. *Digest. Retrieved March 1*, 2004, from 〈http://www.cal.org/resources/digest/0101twi.html〉 (参照 2006-03-16).

金泰勲 (2007). 韓国の初等学校における英語教育の現状と課題　日本大学教育学会, 42, 75-94.

Lessow-Hurley, J. (2004). *The foundations of dual language instruction* (4th ed.). Boston: Pearson Education.

Lindholm-Leary, K. J. (2001). *Dual language education*. Clevedon: Multilingual Matters.

大井恭子・笹島茂 (2004).　韓国小学校英語教育からの示唆　小学校英語教育学会紀要, 5,　37-42.

大木みな子 (2006). セインツのツーウェイ・イマージョン教育　聖学院英語教育年報,　2006, 9-59.

聖学院アトランタ国際学校(n.d.).　聖学院アトランタ国際学校（オンライン），入手先〈http://www.seig.ac.jp/atlanta/〉, （参照 2006-03-16）.

杉浦正好 (2006).　韓国の小学校では英語の授業がどう展開されているのか?一担任主導の英語教育―　愛知教育大学教育実践総合センター紀要, 9,　169-176.

杉山明枝 (2006).　題材と登場人物の発話から分析した韓国初等学校英語教科書の特徴　日本児童英語教育学会第 27 回全国大会資料集, 77-80.

杉山明枝 (2008). 韓国初等学校英語教育の 10 年と今後の動向小学校英語必修化に動きだした日本への示唆　論集（Tsuda Inquiy）, 29,　64-88.

Thomas, W. P., & Collier, V. P. (2002). A national study of school effectiveness for language minority students' long-term academic achievement. Retrieved March4, 2004, from 〈http://www.crede.ucsc.edu/research/llaa/1.1_final.html〉（参照 2006-03-16）.

渡辺誓司 (2008). 放送・メディアが小学校英語を豊かにする　〜韓国の事例から〜放送研究と調査, 6 月号, 56-65.

第7章　教室英語

　新学習指導要領（文部科学省, 2008）の外国語活動の目標は「外国語を通じて，言語や文化について体験的に理解を深め，積極的にコミュニケーションを図ろうとする態度の育成を図り，外国語の音声や基本的な表現に慣れ親しませながら，コミュニケーション能力の素地を養う」というものです。そのため，教師が教室で子どもたちに英語で語りかけることが必要になります。授業でよく使う英語表現（授業のはじめと最後の挨拶・ALTとのコミュニケーション・授業中によく行う指示など）を教室英語といいます。毎回の授業の中で教師が繰り返すうちに，子どもたちは徐々に理解するようになります。本章では，小学校英語活動でよく使用する教室英語を学習していきます。

　本章の学習達成目標は以下の6点になります。

　7.1. 授業のはじめの挨拶を英語で言えるようになる。

　7.2. ウォームアップによく話す話題を英語で言えるようになる。

　7.3. ALTとのコミュニケーションを英語で行えるようになる。

　7.4. 授業中によく行う指示を英語で言えるようになる。

　7.5. 注意する・ほめる・励ますことを英語で言えるようになる。

　7.6. 授業の終わりの挨拶を英語で言えるようになる。

教室英語とは，授業でよく使う英語表現です。毎回の授業の中で教師が繰り返すうちに子どもたちは徐々に理解するようになります。子どもたちに英語を教える場合，英語ですべての授業を行う必要はありませんが，教師が楽しく英語を使っている姿を示すことによって，子どもたちは自分たちもあのように英語を話せるようになりたいと感じるようになります。

　ところで，英語で子どもたちに話しかけた場合，彼らはすべての英語を理解できるわけではありません。そのため，日本語を使わずに英語を理解させるためには，以下のような工夫を行う必要があります。(カレイラ, 2009, p.3)

・　　ジェスチャーを使って示す。
・　　実物を見せる。
・　　絵を描く。
・　　簡単な英語で具体的な例を示す。
・　　簡単な英語で説明する。

7.1. 授業のはじめ

　挨拶をかわしながら，子どもたちの緊張をほぐし，英語の雰囲気をつくることが大切です。以下は挨拶に使う英語表現です。日本語を見て英語がすぐに言えるようになるまで，何度も練習しましょう。

みなさん，おはようございます。
Good morning, everyone.

みなさん，こんにちは。
Hello, everyone.

みなさん，こんにちは。
Good afternoon, everyone.

元気ですか。
How are you?

昨日はよく眠れた？
Did you sleep well last night?

今年私が英語を教えます。
I'll be teaching you English this year.

自己紹介をします。
Let me introduce myself.

では今日の授業をはじめます。
Now let's start today's lesson.

さあはじめましょう。
Let's get started.

出席とります。
I'm going to take attendance now.

手をあげてハイといってね。
Please raise your hand and say," Here."

今日のテーマは昆虫です。
Today's theme is insects.

今日は職業について学びます。
Let's learn about jobs today.

　また，挨拶の後に，日付や曜日や天気のことを質問するようにしましょう。
今日は何月何日？
What's the date today?

今日は何曜日？

What day is it today?

今日の天気はどうですか。

How is the weather today?

今日は風が強いね。

It's very windy today.

今日は蒸し暑いね。

It's very humid today.

7.2. ウォームアップ

　ウォームアップでは，前回の復習，本時のテーマに関連した内容を行います。その他，子どもたちに関係のあること，すなわち，日常生活や学校生活に関することなどを，学習した構文を使って，英語で質問することもできます。全体に問いかけて，答えさせたり，毎回数人に順番に質問したりしていくことも子どもたちとの良い関係を築いていく上で重要です。1対多ではなく，1対1の関係を築きあげていくため，積極的に子どもたちに英語で語りかけてください。以下はウォームアップの時間によく使う英語表現です。日本語を見て英語がすぐに言えるようになるまで，何度も練習しましょう。

誕生日はいつ？

When is your birthday?

誕生日に何をもらった？

What did you get for your birthday?

家族旅行でどこに行った？

Where did you go on your last family trip?

何のスポーツをするのが好き？

What sport do you like to play?

朝食に何食べた？

What did you have for breakfast?

ペットは飼っている？

Do you have any pets?

雨の日には何をする？

What do you do on a rainy day?

雪の日が好きな人?

Who likes snowy days?

いつも何時に寝るの？

What time do you usually go to bed?

どんな楽器がひけるの？

What instrument can you play?

将来に何になりたい？

What do you want to do in the future?

毎日テレビをどれくらい見るの？

How long do you watch TV every day?

どんなテレビ番組が好き？

What kind of TV program do you like?

腕どうしたの，拓実？

What happened to your arm, Takumi?

何で指にバンドエード貼っているの？

Why do you have your finger bandaged?

今年の夏休みは何をするの？

What are you doing this summer?

楽しい夏休みを過ごしてね。

Have a wonderful summer vacation!

給食おいしかった？

Did you enjoy your school lunch?

遠足・修学旅行など
明日は修学旅行だね。

You're going on your school trip tomorrow.

今まで日光に行ったことある？

Have you ever been to Nikko?

どんなお菓子を遠足にもっていくの？

What kind of snack will you take on field?

すばらしい修学旅行にしてね。

Have a nice school trip.

修学旅行どうだった？

How was the school trip?

修学旅行楽しかった？

Did you enjoy the school trip?

一番楽しかったのは何？

What was the most interesting?

お土産に何を買ったの？

What did you buy for souvenirs?

電車では何をしたの？

What did you do on the train?

運動会

明日は運動会ですね。

We will have our sports day tomorrow.

天気がよくなるといいですね。

I hope the weather is good.

どの競技にでるの？

What events are you going to take part in?

みんな声がかれているね。

You are all hoarse.

どの競技が一番興奮した？

Which event excited you the most?

みんな頑張ったね。

Everybody did a very good job.

100m は何秒で走るの？

What was your time in the 100-meter dash?

スポーツ大会など

私はみんなが試合で勝ってとてもうれしいです。

I am very happy you won the game.

足立小学校と 3 対 3 で引き分けだったね。

You drew 3-3 with Adachi Elementary School.

昨日の野球の試合どうだった？

How did yesterday's baseball game go?

あなたのポジションは？

Which position do you play?

7.3. ALT とのコミュニケーション

　複数の教師が協力して授業を行うことをティーム・ティーチング(TT)といいます。小学校英語活動においては，ALT と TT を行うことがあります。効果的に TT を進めるためにも，打ち合わせは念入りに行い，役割分担を明確にする必要があります。以下は，ALT とのコミュニケーションに必要な英語表現です。日本語を見て英語がすぐに言えるようになるまで，何度も練習しましょう。

こんにちは。お会いできてうれしいです。

Hello! Nice to meet you.

こちらに来てください。

Can you come this way?

お名前は？

May I have your name?

どちらからいらしたのですか？

May I ask where you are from?

アメリカのどちらですか？

What part of America are you from?

きょうの授業の打合せをしましょう。

Let's talk about today's lesson.

小学4年生と小学5年生を教えてください。

Please teach the fourth grade and the fifth grade.

合計3コマ教えてください。

Please teach three classes altogether.

休み時間は子どもたちと一緒に外で遊んでください。

Please play outside with the students during recess.

子どもたちと一緒にお昼を食べてください。

Please eat lunch with the students.

今日のレッスンプランです。

This is today's lesson plan.

きょうのトピックは買い物です。

Today's topic is shopping.

きょうは私が中心となって授業を進めます。
I'll play the main role in today's lesson.

この文を読んでいただけますか？
Could you read this sentence?

これはなんと発音しますか？
How do you pronounce this?

英語でそれは何といいますか？
How do you say it in English?

もっとジェスチャーを使ってください。
Please use more gestures.

何かアドバイスはありますか？
Do you have any advice?

このダイアログを読みましょう。
Let's read the dialog for the students.

子どもたちと握手してください。
Please shake hands with the students.

今日の授業は楽しかったです。
We really enjoyed today's lesson.

今日の授業はいかがでしたか？
How was today's lesson?

今日の子どもたちはどうでしたか？
How were the students today?

次の授業の打合せをしましょうか。
Shall we talk about the next lesson?

今日のアクティビティは難しすぎました。
I think today's activities was too difficult.

次回はもう少し早めに来ていただけますか？
Can you come a little earlier next time?

次の授業を楽しみにしております。
I'm looking forward to the next lesson.

今日はお越しくださいましてありがとうございます。
Thank you for coming today.

7.4. 授業中の指示
　授業中によく使う教室英語を記載します。日本語を見て英語がすぐに言えるようになるまで，何度も練習しましょう。

新しい歌を覚えましょう。
Let's learn a new song.

チャンツで言ってみましょう。
Let's do the chant.

曲に合わせて歌いましょう。
Let's sing along.

手をつないで。

Hold hands.

それを 3 回言いましょう。

Let's say it three times.

1 枚とって残りをまわして。

Take one sheet and pass them on.

3 人 1 組のグループを作りなさい。

Get into groups of three.

後ろの人と向き合ってください。

Turn around and face the person behind you.

机をあわせて。

Put your desks together.

パートナーを見つけて。

Find a partner.

ペアーになって。

Work in pairs.

大きな輪になって。

Make a big circle.

自分の席に戻って。

Go back to your seats.

1列になって

Make a line.

向かい合って。

Face each other now.

後ろ向きに立って。

Stand with your back toward me.

そこに入れてもらって。

Join that group.

お母さんの役をやってください。

Play the role of the mother.

会話に動作をつけましょう。

Let's act out this conversation.

映画館にいるつもりで。

Imagine you're in a movie theater.

誰がお医者さんになりたい？

Who want to be a doctor?

テレビの前に集まって。

Go and sit in fornt of the television.

7.5. 注意する・ほめる・励ます

　授業中に，子どもたちのことを注意したり，ほめたり，励ましたりするのに英

語を使いましょう。日本語を見て英語がすぐに言えるようになるまで，何度も練習しましょう。

ナイフには気をつけて。
Be careful with your knife.

静かに。
Quiet, please.

あぶない。
Watch out.

話をやめて。
Stop talking.

手を放して。
Hands off.

行儀よくしなさい。
Behave yourself.

何やってるの？
What are you doing?

後ろの机に寄りかからないで。
Don't lean over your desk.

さぼらないで。
Don't goof around.

割り込みはだめ。

Don't jump the line.

よくできました。

Good job.

いいね。

Excellent.

すごいよ。

Great!

大きな拍手をしましょう。

Give them a big hand.

恥ずかしがらないで。

Don't be shy.

できるよ。

You can do it.

もう一度やってごらん。

Try it again.

こうやってごらん。

Do it like this.

がんばってね。

Good luck.

成功するといいね。

Hope you succeed.

頑張れ（あきらめるな）。

Hang in there!

もう少しだよ。

Almost there.

おしい。

Close.

7.6. 授業の終わり

　授業の終わりには，次回の指導内容に少しふれ，次への学習意欲を養うように
します。また，簡単に今日のまとめ・復習を行います。終わりのあいさつも英語
で行いましょう。日本語を見て英語がすぐに言えるようになるまで，何度も練習
しましょう。

もう少しで授業は終わりです。

We're almost finished.

今日はこれで終わりです。

That's all for today.

今日はもう時間がありません。

We don't have any more time today.

今日はみんなよく頑張ったね。

You all worked hard today.

楽しかった？

Did you have a good time?

何が一番楽しかった？

What did you enjoy the most?

みなさんさようなら。

Goodbye, everyone.

よい週末を。

Have a nice weekend.

理解度テスト

1. 次の日本語を英語に直してください

(1) 今年私が英語を教えます。

_____

(2) 大きな輪になって。

_____

(3) 4人1組のグループを作りなさい。

_____

(4) 修学旅行どうだった？

_____

(5) 自分の席に戻って。

_____

引用文献

カレイラ松崎順子(2009). 子どもに英語を教えるための Classroom English　南雲堂

文部科学省(2008). 小学校学習指導要領　外国語活動編

第8章　指導案作成

　本章では，指導案の作成の仕方を学びます。小学校における英語活動は，私たちが中学・高校で受けてきたような英語を知識として教えるような文法や読解中心の授業ではなく，コミュニケーションをはかろうとする態度の育成が目標となります。このことを踏まえて，年間の指導計画をたて，それに従ってテーマを選び，授業案を作成しましょう。小学校では児童の興味と発達段階に応じて柔軟な指導を行いながら，児童が消化できる範囲の内容を与えるようにするべきです。そのため，小学校で英語活動のカリキュラムや指導案を考えるときには，子どもたちの発達的違いを考慮して作成しなければなりません。

　本書の学習達成目標は以下の2点になります。

8.1. 小学校英語活動においてどのような指導案が適切であるのかを理解する。

8.2. 指導案をどのように作成するのかを学習し，作成できるようになる。

8.1. 指導案作成

　小学校で英語を教える場合，長期的な目標と短期的な目標について考え，それに沿った授業案を計画する必要があります。小学校英語活動の目標は，英語の知識の習得よりも，異なる文化や外国語に触れて積極的にコミュニケーションを図ろうとするものです。そのようなことをきちんと踏まえたうえで，指導案を作成していく必要があります。

　小学校では児童の興味と発達段階に応じて柔軟な指導を行いながら，児童が消化できる範囲の内容を与えるようにするべきです。「できない」「わからない」体験が増えれば英語への苦手意識が強まるだけです。子どもは，年齢と知的，身体的な発達に応じて，興味や関心が異なります。たとえば，小学校低学年の子どもは楽しければ，繰り返しをいやがりませんが，集中できる時間が短いため，いろいろな活動を準備しておく必要があります。小学校中学年の子どもは，互いに協力しながら活動をすることに興味を持ち，ゲーム的な活動を喜びます。小学校高学年の子どもたちはより複雑なことを考えることを楽しみます。このような発達段階を無視すると，子どもたちは英語学習に興味を失い，退屈してしまいます。そのため，小学校で英語活動のカリキュラムや指導案を考えるときには，子どもたちの発達的違いを考慮して作成しなければなりません。

　英語活動を効率よく行うためには，年間活動計画を構想することから始まります。年間活動計画を構想する際に必要な要素として，配当時間，トピック，言語材料の配列等があります。トピックや言語材料の配列については，子どものニーズを探りながら授業を行い，この言語材料や内容が. 子どもにとってどうだったのかを，子どもの授業中の反応やつぶやき，授業後の子どもの感想等を考慮に入れながら，毎回内容やレベルや言語材料を吟味して，取り扱う学期，月. 学年を再検討しましょう（影浦, 2007）。

　毎回の授業を充実し，自信をもって授業にのぞむために，テーマにあった指導内容を考え，それを順序立てて整理し，頭の中に入れておくことが大切で，そのために必要なのが「指導案」です（吉田, 2008）。また，指導案は授業後に，授業中の子どもの様子などを書き込むことにより，次回以降の授業をよりよいものにしていく情報を与えてくれます（吉田, 2008）。

　子どもの目線でテーマを選ぶようにしましょう。子どもたちの生活や他教科で

学習している内容および年齢を考慮して，どのようなテーマがふさわしいかを決めます。子どもの生活に身近なことや子どもが興味を持ちそうなこと，他教科で学習した内容と連動したもの，自分のことについて言えたり，友だちにたずねたり，国際理解異文化理解につながることなどが小学校英語活動のテーマとして適切であると考えられます（吉田, 2008）。小学校の英語活動では，「静」と「動」というように，動きを伴うものと静かに取り組む活動をバランスよく設ける必要があります。歌やゲームでエネルギーを発散したら，少し落ち着いて教師が語る絵本の物語に耳を傾けたり，作品作りなどの活動を行います。

　また，指導案を書く際に，指導者が余裕をもって指導でき，子どもたちが英語活動を十分に楽しめ，体験できるように配慮することが大切です。そのためにはたくさん詰め込まず，大半の子どもたちが達成可能な目標を設定するようにしましょう。1年間で達成すべき目標を念頭におき，常に復習を繰り返す中で各単元の指導目標の達成を考えていきます。

　子どもたちにも個人差があります。すべての子どもがゲームを好きなわけでもなく，中には静かに本を読んだり字を書いたりするのが好きな子がいます。子どもたちの集中力は短いため，同じ活動を長い時間続けているとすぐ飽きてしまいます。また，子どもたちが喜ぶからといって同じゲームばかりしていても，英語の力は伸びません。そのため，小学校英語活動は「お子様ランチ」のようであるべきだと思います。つまり，子どもが飽きないように，1時間にいろいろな活動を10分単位で盛り込んでいくのが理想的な小学校英語活動です。わいわい騒ぎながらゲームを行ったら，次は静かに座って何かの作業を行うというように動と静が混ざった授業を展開するようにしましょう。すなわち，個別・ペア，グループ，全体など動・静の活動をバランスよく取り混ぜ，児童を飽きさせない工夫をしましょう。

　小学校において指導案を作成するには，まず目標を明確にし，児童の発達に応じたものを作成しなければなりません。以下は指導案を作成する上での小学校低学年・小学校中学年・小学校高学年における留意点です。築道・樋口(2005)を参考にしています。

小学校低学年

　小学校低学年の児童は，耳にした情報をすべて理解できなくてもわかった部分から全体を類推する能力にすぐれています。また，間違いを恐れず，屈託なく声を出せる時期でもあるので，歌やライム，絵本等を通して，英語独特のリズムやイントネーションにたっぷり触れさせ，その通りにまねさせてみましょう。

　さらに，勝ち負けに強いこだわりを見せる時期でもあるため，ゲームなどでは競争心をあおりすぎたり，特定の勝者を称えすぎたりしないように，留意することが大切です。また，身体表現や動作を伴う活動を好むため，手遊び歌や動作付きの歌，動作ゲームを取り入れるようにしましょう。また，集中力があまりないので，飽きさせないようにいろいろな活動を取り入れ，単調にならないようにしましょう。

小学校中学年

　心身の発達の著しい小学校中学年の児童は，小学校低学年の児童と同じように反復練習や動作を伴う活動をいとわない反面，抽象的な思考力も発達していく時期です。特に，小学4年生以降は知的な言語活動に興味が移行します。主体的な活動や集団で協力する活動を好む時期でもあるため，他教科の内容など知的な要素を加味した活動を計画し取り組ませるとともに，自己表現の意欲を生かし友達と協力する場面を増やすべきです。グループ単位で競わせるゲーム，知識を使うクイズの作成や短いロールプレイの発表などを行いましょう。

小学校高学年

　小学校低学年の児童は身体を使って英語の歌，ゲームを楽しんでいるのに，小学校高学年になると単純な繰り返しや歌，ただおもしろいだけのゲームにはさほど興味を示さず，指導が難しいとよく言われます（Carreira, 2006）。小学校高学年は，抽象的，論理的思考ができるようになり，知的発達の目覚ましい時期です。自分の意見や主張を持ち，自分を客観的に評価することができ，興味・関心も身の回りから世界へと広がっていきます。また，学校生活では他教科でかなりの知識を学習しており，社会生活でもさまざまな体験を重ねています。英語活動においても，それらの知識や体験を利用した，児童の知的好奇心を満たすような内容

で，かつ達成感が得られるような活動を行う必要があります。

　　小学校高学年の授業を運営する上で，以下のような点に留意して行うように築道・樋口（2005，p.190）は提案しています。

(1)　興味・関心に沿っているか：『楽しい』から『知的に楽しい』と感じられる活動を工夫する。

(2)　自己表現の場があるか：『英語を使ってみたい』という動機づけが与えられるような創造的な活助を取り入れる。

(3)　教材が世界に広がっているか：英語学習の必要性を理解できるように，『外国のことをもっと知りたい』という意欲を満たす教材，活動を工夫する。

(4)　主体的に活動しているという実感がもてるか：やりがいがあり，英語を使っている実感がもてる活動を工夫する。

　　以下は伊藤（2004, pp. 9-13)が提案した各学年の目標，内容，および指導内容です。

第1学年

【目標】

(1)　英語に初めてふれ，英語の音声に親しむ。

(2)　英語活動を楽しみ，友だちと英語でふれあう。

(3)　外国の行事や習慣などを楽しむ。

【内容】

(1)　英語を聞いたり，模倣したりして，英語のリズムや音声に親しむ。

(2)　あいさつやものの名前などを英語で聞いたり，歌ったりする。

(3)　外国の行事や習慣，歌，遊びなどを体験する。

【指導】

(1)　歌，動作，ゲームなどを使って楽しく活動する。

(2)　語や文を聞こえるままに発音する。

(3)　学習内容をくり返し行う。

(4)　全員参加型の体験活動を行う。

第2学年

【目標】

(1) 英語のリズムや音声に慣れる。

(2) 多くの友だちと英語を使って交わり，英語を使う喜びを体験する。

(3) 外国の行事や習慣などを楽しむ。

【内容】

(1) 英語のリズム，抑揚，音などに慣れる。

(2) 英語であいさつしたり，受け答えしたりして，人とのふれあいを楽しむ。

(3) 外国や日本の行事や習慣，歌，遊びなどを体験する。

【指導】

(1) 歌，動作，ゲーム，ビデオなどを使って楽しく活動する。

(2) 五感や想像力，からだ全体を使っての活動を心がける。

(3) 外国の行事などを通じて日本と外国の違いに気づかせる。

(4) グループ単位やペア単位での活動も行う。

第3学年

【目標】

(1) 英語の音声的特徴に慣れる。

(2) 英語を使って先生やクラスの人たちとコミュニケーションする。

(3) 外国と日本の言葉や，生活，習慣，文化の違いに関心をもつ。

【内容】

(1) 英語の音やアクセント，リズム，抑揚などに注意して聞き，話す。

(2) 身近で簡単な会話や物語を聞いて理解する。

(3) 学習した英語を使って話したり，質問に答えたりする。

【指導】

(1) 歌，ゲーム，ビデオ，スキット（寸劇）などを用いて楽しく，わかりやすく指導する。

(2) 日常生活の具体的な場面を設定して聞いたり，話したりする練習をする。できれば外国人と英語で話す体験をする。

(3) 英語のジェスチャーなどを指導し，あらゆる手段を使ってコミュニケーショ

ンを図ることを奨励する。

(4) 外国の言葉や生活，習慣，文化に関心をもち，日本のものとの違いに気づかせる。

第4学年

【目標】

(1) 英語を聞いたり，話したりすることに慣れる。

(2) 聞く・話す活動に関連して，文字にもふれる。

(3) 外国と日本の言葉や生活，習慣，文化の違いを知る。

【内容】

(1) 日常生活上の簡単な会話を聞いたり，簡単な表現を使って応答したりする。

(2) 簡単な物語を聞いて，あらすじを理解する。

(3) アルファベット（大文字・小文字）を読む。

【指導】

(1) スキットやロールプレイなどでコミュニケーション活動を行う。

(2) 耳を慣らすために，物語などの聞かせ読みをする。

(3) アルファベットの学習は，ローマ字学習と関連させて行う。ローマ字と英語の音や綴りの違いに配慮する。地名，人名などを読む。

(4) 外国の言葉や生活，習慣，文化と日本のものとの異同を明確にする。

第5学年

【目標】

(1) 積極的に英語を聞いたり，話したりする。

(2) 簡単な会話や物語を聞いて，内容を理解する。

(3) 身近なことや自分のことを相手と伝え合う。

(4) 外国と日本の言葉や生活，習慣，文化を比較する。

【内容】

(1) 身近な会話や簡単な物語を聞いて理解する。

(2) 身近なことや自分のことをお互いに聞いたり，話したりする。

(3) 身の周りの簡単な英語や簡単なメッセージなどを読む。

(4) アルファベット（大文字・小文字）を書く。

(5) 外国や日本の言葉や生活, 習慣, 文化をグループで調べ, クラスで発表する。

【指導】

(1) 英語コミュニケーションの基本的な場面や状況をできるだけ設定する。

(2) スキットやロールプレイ, 劇のような形でコミュニケーションを体験させる。

(3) 英語の語や文を読む指導では, 文字を見せながら発音する。

(4) アルファベットが書けるようになったあと, 基礎的な語や文を書き写す練習をする。

第6学年

【目標】

(1) 文字なども使用し, 英語を総合的に活用して, 積極的にコミュニケーションを図る。

(2) 自分のことや身近なこと, 日本のことなどを簡単な英語でスピーチする。

(3) 簡単なメッセージや自己紹介文などを英語で読んだり, 話したりする。

(4) クラスやグループで英語の歌や劇を自主的に練習し, 上演する。

(5) 外国と日本の生活や文化などの比較により, いろいろな価値観やものの見方があることを知る。

【内容】

(1) 文字やジェスチャーなど, あらゆる手段を活用してコミュニケーションを図る。

(2) スキットや劇などで, できるだけ多くの英語コミュニケーションを体験する。

(3) 自分のことや, 日本のことなどを知っている語や文を使ってスピーチする。

(4) 既習の語や文の中で基礎的なものを書き写し, メッセージなどを構成する。

(5) 自分たちで配役や舞台装置などを決め, 音声教材をモデルして練習をする。

【指導】

(1) 国際交流会や外国人の招待などで, できるだけ多くの直接コミュニケーションの機会を与える。

(2) 会話や物語など文字を見ながら聞かせ, 音と文字を一致させる。

(3) 児童の自己表現活動を奨励し, 彼らが知りたい単語や表現を支援する。

(4)　児童が書きたいことを既習の語彙や表現を中心に指導する。

(5)　自主活動を奨励し，歌やスピーチなどの発表で達成感や満足感を与える。

8.2. 指導案作成

　著者は以前に英語教育を専門とする大学教員とともに京都市の小学校で英語活動の授業を行いました。その際に京都市総合教育センター作成の指導案を参考にし，指導案を作成しました。以下ではその指導案の解説を行います。

8.2.1.題材を選ぶ

　対象になる子どもたちの学年を配慮して，子どもたちの生活や他教科で学んでいる内容を考慮してトピックを考えましょう。子どもたちの日常の生活から離れた抽象的な語彙や表現は避け，子どもたちが絵や動作に表しやすい具体性を伴った語彙や表現を選ぶようにしましょう。

　例

　指導事例（6年生共通　Unit 8　第1時間目）

■ 日時：2008年1月22日（月）5時限

■ 題材：「お店屋さんごっこをしよう」

8.2.2.単元の指導計画

　単元の指導目標を達成するために，何に焦点をあてて指導するのかを簡潔にかつ具体的に示し，単元全体の指導計画における各時間の位置づけを明確にします。下記は3時間の指導計画であり，本時が第3時であることを示してます。

　例

■ 指導計画（3時間配当）

　第1時　自分たちの作る品物カードの英単語を尋ねる

　第2時　お店に並べる品物カードを作る

　第3時　買い物の要領を知り，実際に買い物をする（本時）

8.2.3.本時の指導目標

　本時の指導目標として，当該時間で特に目標とする項目を具体的にあげていき

ます。

　例

■ 本時の目標

　お店屋さんとお客さんにわかれ，買い物で使用する英語表現を使えるように
なる。

8.2.4. 本時の主な活動

　本時に行う主な活動を記します。子どもが興味・関心を一つのことに集中でき
る時間は，大体 10 分程度であるといわれています。1 時間の授業の流れの中で，
最初のあいさつや最後のまとめの時間を除くと，だいたい 35 分間程度を活動に使
うことになりますので，3 つか 4 つの活動を入れていきます。子どもの状態をよ
く観察しながら，臨機応変に授業を進めていくことが大切です。そのため行う活
動はいくつか多めに用意しておきましょう。

　また，授業の流れをある程度決めておくと，授業毎にあれこれ考える必要がな
くなり，授業の準備も楽になります。また，子どもたちも授業の流れに戸惑うこ
とが少なくなります。

　例

■ 本時の主な活動

①買い物をする際に使用する英語表現を学ぶ。

②グループで相談して品物の値段を決める。

③お店屋さんとお客さんにわかれて買い物ごっこを行い，学んだ英語を使って
　みる。

8.2.5. 言語材料を選ぶ

　語彙や表現，発音，文法などは「言語材料」と呼んでいます。英語活動では，
子どもの生活に基づいた身近で基本的な英語の語彙や表現に限定した言語材料を
取り上げることが大切です。

　例

■ 本時の言語材料：

● お店の名前　　（1・2 時間目に学習したもの）

文房具屋 （stationary store）

八百屋 （grocery store）

ペット屋 （pet shop）

スポーツ用品店 （sporting goods store）

くだもの屋 （fruit store）

魚屋 （fish shop）

● 品物の名前

ノート （notebook）

えんぴつ （pencil）

消しゴム （eraser）

定規 （ruler）

ホッチキス （stapler）

大根 （radish）

ニンジン （carrot）

かぼちゃ （pumpkin）

キャベツ （cabbage）

玉ねぎ （onion）

犬 （dog）

猫 （cat）

うさぎ （rabbit）

カメ （turtle）

モルモット （guinea pig）

バット （bat）

グローブ （glove）

ラケット （racket）

ホイッスル （運動会の笛） （whistle）

縄跳びの縄 （jump rope）

りんご （apple）

みかん （orange）

梨（pear）

すいか（watermelon）

イチゴ（strawberry）

タコ（octopus）

イカ（squid）

蟹（crab）

えび（shrimp）

鮭（salmon）

● 英語で買い物をする時の表現

May I help you?

(品物), please.

How much?

Here you are.

Thank you.

You're welcome.

Good bye.

8.2.6.本時の教具

　本時の教具では，使用する教具を記載します。CD を使う場合は，使用する CD のトラック番号を書き出しておくと授業であわてることがありません。また，絵カードを使用する場合は，具体的に何の絵カードを使うのかを書き出し，提示する順に並べておきましょう。

　例

■ 本時の教具

・「英語で買い物するときの表現」を書いたカード 6 枚

・おはじき

・値段表 6 枚

8.2.7.本時の指導・学習過程

　小学校英語活動の指導・学習過程は，各小学校の指導目標や時間数によって異なります。また，対象となる子どもたちの年齢，発達段階，および英語のレベルによっても異なります。それゆえ 小学校英語活動の指導・学習過程は多様になります。

　例

　■ 指導過程

1. 導入 （13:55〜14:00）

はじめの挨拶

　　Hello every one.

　　How are you?

　　Let's enjoy learning English.

　　Let's have a quick review.

本時の活動の紹介

　　Today we are going to play shop.

2. 展開 （14:00〜14:30）

お店の準備

　　Now, let's start today's main activities.

　　Let's open the shops.

商品の金額を決める。

英語での買い物の表現を練習

　　Let's practice some expressions when you go shopping.

　　Let me show you how to buy and sell goods at a shop.

見本を見せる

　　Let's practice together.

カードで練習

役割に分かれて練習

班で練習

　　お客がきたら　⇔　May I help you?

品物を買う時　⇔　(品物), please.

値段を聞く　⇔　How much?

わたす時　⇔　Here you are.

受け取る時　⇔　Thank you.

Thank you と言われたら　⇔　You're welcome.

別れぎわに　⇔　Good bye.

クラス全体で買い物ごっこを行う

3．まとめ（14:30〜14:35）

Time is up.

Go back to your seats.

Let's count money.

How much did you get?

○○ is the winner.

Give them a big hand.

OK. Let's conclude today's lesson.

I hope all of you enjoyed learning English.

So much for today.

Good bye!

　上記のように，授業の中で話す英語を授業案の中に記載しておくと，授業中あわてることがありません。

【やってみよう】

　今まで学習した英語活動や教授法からいくつか選び，指導案を作成して見ましょう。

_____

_____

_____

_____

理解度テスト

1. 以下の文が正しければ（　）に○を入れ，間違っている場合は×を入れてください。

(1) （　）小学生は体を動かすことが好きなので，指導案を作成する際には，体を動かすゲームを中心に行い，静かに座って作業を行う活動を行う必要はありません。

(2) （　）小学校で英語活動のカリキュラムを考えるときには，子どもたちの発達的違いを考慮して作成しなければなりません。

(3) （　）指導案の題材を選ぶ際には，子どもたちの日常の生活から離れた抽象的な語彙や表現は避け，子どもたちが絵や動作に表しやすい具体性を伴った語彙や表現を選ぶようにしましょう。

(4) （　）小学校高学年は，抽象的・論理的思考ができるようになり，知的発達の目覚ましい時期なので，知的好奇心を満たすような内容で，かつ達成感が得られるような活動を行う必要があります。

引用文献

伊藤 嘉一 (2004). 小学校英語学習指導の基本　伊藤嘉一（編）小学校英語学習指導指針　各学年の目標および内容　小学館　pp. 5-8.

影浦 功 (2007). 新しい時代の小学校英語指導の原則 明治図書出版

Carreira, M.J. (2006) Motivation for learning English as a foreign language in Japanese elementary schools , *JALT Journal,28*, 135-157.

樋口忠彦 (2005). 1 章　諸外国における小学校外国語教育　樋口忠彦編 これからの小学校英語教育―理論と実践― 研究社　pp. 1-33.

築道和明・樋口忠彦 (2005). よりよい授業を展開するために―基礎編　樋口忠彦編 これからの小学校英語教育―理論と実践― 研究社 pp. 172-205.

吉田研作 (2008). 小学校英語指導プラン完全ガイド　アルク

理解度テストの模範解答

第 1 章

1.

(1)　○

(2)　×

(3)　×

(4)　○

(5)　×

第 2 章

1.

(1)　○

(2)　○

(3)　○

2.

(1)　Color the picture whatever color you like.

(2)　Can you do a handstand?

第 3 章

1.

(1)　×

(2)　×

(3)　○

(4)　○

(5)　×

第 4 章

1.

(1)　The winner goes on to challenge the next person.

(2)　What is the tallest animal on land?

(3)　You have to find the same card.

(4)　It was a close finish.

(5)　Put the cards face up in a line.

第 5 章

１．

(1)　日本

(2)　アメリカ

(3)　アメリカ

(4)　I went there.

2.

(1)　イギリス

(2)　アメリカ

(3)　日本

(4)　I like a dog.

第 6 章

１．

(1)　○

(2)　○

(3)　×

(4)　○

第 7 章

(1)　I'll be teaching you English this year.

(2)　Make a big circle.

(3)　Get into groups of four.

(4)　How was the school trip?

(5)　Go back to your seats.

第 8 章

1.

(1)　×

(2)　○

(3)　○

(4)　○

【著者プロフィール】
カレイラ松崎順子
早稲田大学卒業。イギリスのサリー大学大学院でTESOLのPost Graduateを取得。津田塾大学大学院文学研究科英文学専攻コミュニケーション研究言語教育修士課程・後期博士課程終了。東京学芸大学大学院連合学校教育学研究科論文博士号(教育学)取得。東京未来大学専任講師を経て、現在,東京経済大学現代法学部教授・ハワイ大学客員研究員。
著書に「しっかり学ぶポルトガル語」ベレ出版、「ポルトガル語会話フレーズブック」「海外からのお客様を英語で案内・応対するための表現集」明日香出版,「BRIGHT AND EARLY:Classroom English for Teachers of Children—子どもに英語を教えるための教室英語」南雲堂がある。

小学校での英語

2019年 4月10日　　初版発行

著者　　**カレイラ松崎順子**

定価(本体価格2,500円+税)

発行所　　株式会社　三恵社
〒462-0056 愛知県名古屋市北区中丸町2-24-1
TEL 052 (915) 5211
FAX 052 (915) 5019
URL http://www.sankeisha.com